Ricarda C. RexX
Das Leben ist schwer wie Sau
Kurzgeschichten und Gedichte –
humorvoll bis tödlich

Ricarda C. RexX

Das Leben ist schwer wie Sau

Kurzgeschichten und Gedichte – humorvoll bis tödlich

Rediroma-Verlag

Bibliografische Information der Deutschen Nationalbibliothek:
Die Deutsche Nationalbibliothek verzeichnet diese Publikation in der Deutschen Nationalbibliografie; detaillierte bibliografische Daten sind im Internet über http://dnb.ddb.de abrufbar.

ISBN 978-3-96103-049-1

Umschlagillustration: Ricarda C. RexX
Innenillustrationen: Petra Herold

www.rediroma-verlag.de
8,95 Euro (D)

Inhaltsverzeichnis

Vorwort

»Das Leben ist schwer wie Sau« – diese Erkenntnis gilt für Mensch und Tier gleichermaßen, wie die nachfolgenden Kurzgeschichten und Gedichte, von humorvoll bis tödlich, zweifelsohne belegen.

Die Zwei- und Vierbeiner der Geschichten und Gedichte sind mal vergnüglich, ab und an tapfer und furchtlos, zeitweise aber auch unerbittlich und hinterhältig unterwegs – zur Not bereit, dem Gegner den letzten Todesstoß zu versetzen:

Rentner Willi ist fast starr vor Schreck, denn völlig unverhofft bekommt er es mit einem, laut Pressebericht, äußerst gefährlichen Klingelmörder zu tun und muss beweisen, dass er ein »ganzer Kerl« ist. Eine Sekretärin, die von ihrem Chef die Nase voll hat, bekommt unsanft zu spüren, dass in der Natur auch nicht alles ganz friedlich zugeht. So manche hinterhältige Frau, die ihren Gatten gerne »entsorgen« möchte, hat mit einer gewagten Aktion Glück – oder eben nicht – und auch bei einem kleinen Floh, der einfach nur »die schöne Welt« finden will, läuft nicht alles ganz rund. Umso erfreulicher ist es dann, wenn zwei Kuratorinnen im Kunstmuseum nett miteinander plaudern und dabei feststellen, dass Kunst immer wieder sehr inspirierend sein kann. Ein herzliches und kompetentes Gespräch – so von Frau zu Frau – und das eine oder andere Problem lässt sich leicht aus der Welt schaffen. Für einen Arzt, der sich unerwartet mit einer geballten Ladung »Weiblichkeit« auseinandersetzten muss, hat dieser

Zwischenfall unschöne und nachhaltige Konsequenzen, eine Affendame im Zoo kommt zu einer völlig neuen Erkenntnis und manchmal geschehen unverhofft kleine Wunder, die wieder Licht und Hoffnung ins Leben bringen.

Auf diese und noch viele andere amüsante, spannende, fantasievolle, blutrünstige oder auch Mut machende Geschichten und Gedichte dürfen sich die Leser/-innen bei der Lektüre des Buches »Das Leben ist schwer wie Sau« freuen.

Ricarda C. RexX
Autorin

Der Klingelmörder

Willi hockte am Küchentisch und blätterte lustlos in der Tageszeitung herum. Eigentlich interessierten ihn nur die Todesanzeigen, aber schon seit Wochen war kein Mensch mehr verstorben, der ihm auch nur im Entferntesten bekannt gewesen wäre. Völlig uninteressant also!

»Abbestellen sollte man das Käseblatt«, brabbelte er mürrisch und ermordete zum Ausgleich eine Fliege, die ihn schon seit Minuten nervte. Wenigstens dazu war die Zeitung gut! Mit Zeigefinger und Daumen schnipste er das zerquetsche Tierchen von der Titelseite. Übrig blieb ein blutiger Fleck, genau in der Schlagzeile:

»Wer ist die unbekannte Tote?«

Natürlich war ihm auch die unbekannte Tote nicht bekannt – wenn der Tag einmal blöd lief, dann lief er eben blöd!

Griesgrämig kratzte Willi seinen Kopf und war mit sich und der Welt unzufrieden. Vor ihm auf der Anrichte stand ein kleiner Fernseher, der mühsam versuchte, noch sein Bestes zu geben. Nur mit viel Mühe konnte man ein Bild erkennen, denn eine dicke Staubschicht überzog nicht nur die Anrichte, sondern auch das komplette Gerät. Als ob das nicht schon gereicht hätte, hatte auch noch eine Spinne ihr Lebenswerk dort vollbracht. Ein sehr dichtes, feingesponnenes Meisterwerk hüllte den Fernseher wie eine kleine Decke ein. Aus diesem Kunstwerk heraus plärrte die quäkige Stimme einer der vielen Moderatorinnen, die man nicht zwingend kennen musste. Sie war eine von den schier unzähligen Blondinen, die Sendungen moderierten, die kein Mensch jemals sah, die aber dennoch jeder kannte.

Willi wusste immer und über fast alles Bescheid, allerdings nur, weil er die Sendungen hörte. Um den Blödsinn auch gleichzeitig sehen zu können, hätte es zumindest einer gründlichen Reinigung des Fernsehers bedurft. Das jedoch war für ihn entschieden zu viel Arbeit. So blätterte er weiter in der Tageszeitung und hörte nebenbei auf die Stimme aus dem Fernseher, als plötzlich die Türklingel brummte. Normalerweise sollte die Klingel klingeln, da aber über der Klingelvorrichtung ebenfalls eine jahrzehntealte Staubschicht lag, war das Klingeln im Laufe von Jahren zu einem Brummen geworden. Auch das war Willi völlig egal.

Eigentlich klingelte oder brummte bei ihm ohnehin nie jemand, nicht einmal der Postbote. Willi bekam, wenn überhaupt, maximal drei Briefe jährlich. Diese warf der Briefträger – im Falle eines Falles – nur rasch in den verrosteten Briefkasten und machte sich dann schnell wieder aus dem Staub – im wahrsten Sinne des Wortes. Umso erstaunter war Willi, als er dieses höchst seltene Geräusch seiner Türklingel vernahm.
Tatsächlich, sie brummte!

Willi hob lauschend seinen Kopf und seine Hände sanken mit der Zeitung etwas nach unten. Bestimmt hatte er sich geirrt. Vermutlich hatte es im Fernseher gebrummt. Wahrscheinlich war es die Moderatorin. Vielleicht hatte sie nun Blähungen von ihrem Gefasel

und brummte jetzt vor sich hin. Bestimmt gab es eine andere Erklärung für das Brummen, als dass es seine Türklingel gewesen wäre!
Mittlerweile hatte das Brummen wieder aufgehört.

Na bitte! Willi hob die Zeitung wieder an und senkte den Kopf erneut. Sein Blick fiel auf eine andere dicke Schlagzeile:

»Der gefährliche Klingelmörder ist unterwegs!«
Ihm blieb vor Schreck fast das Herz stehen.

Womöglich hatte der Klingelmörder gerade bei ihm gebrummt?

Diese Erklärung schien ihm die einzige logische Schlussfolgerung zu sein.

Gerade, als Willi den ganzen Bericht lesen wollte, zerriss erneut ein mörderischer Brummton die Stille.

Aus Willis vor Entsetzen weit geöffnetem Mund fiel das Gebiss heraus. Es landete schwungvoll in seinem Schoß und dort direkt auf dem geöffneten Hosenstall. Ein merkwürdiger Anblick, denn kein noch so abgehärtetes Gebiss auf der ganzen Welt hätte sich dort freiwillig festbeißen mögen. Der Reißverschluss hatte sich an dieser höchst brisanten Stelle schon vor etlichen Jahren selber das Leben genommen. Lediglich einige nicht verwesbare Überreste seines früheren Daseins baumelten dort noch an zerschlissenen Fäden herunter.

Willi, der sich erst aus seiner Schockstarre löste, als das Brummen endlich wieder verstummte, tastete – ohne den Blick zu senken – an besagter Stelle nach seinem Kauwerkzeug. Er fand das Gebiss mit traumwandlerischer Sicherheit und beförderte es zielsicher in

seinen Mund zurück. Er schüttelte sich leicht. Grrrr, was für ein seltsamer Geschmack war das denn jetzt? Egal! Er hatte nun andere Probleme:
Vor seiner Tür stand ein Mörder und brummte!
Er musste etwas unternehmen!

Wie in Zeitlupe erhob sich Willi aus seinem Sessel. Jetzt nur kein Geräusch verursachen, dachte er noch, als auch prompt mit einem lauten Knistern die Tageszeitung auf den Boden fiel. Er hielt erschrocken den Atem an.

Stille!

Das war wohl gerade noch einmal gutgegangen!

Auf durchlöcherten Socken schlich er, nach seinem Gefühl fast so geschmeidig wie Winnetou auf dem Kriegspfad, durch den Raum. Fast hätte er einen lauten Bölk von sich gegeben, als er die kalten Bodenfliesen im Hausflur betrat. Sozusagen „lochweise“ attackierte eine Eiseskälte seine ungewaschenen Füße. Er biss die Zähne zusammen wie John Wayne in seinem härtesten Western und schlich mutig weiter.

Die Haustür kam immer näher.

Gut, dass er den Türspion schon vor Jahren auf der Außenseite mit schwarzem Klebeband zugeklebt hatte. Durch diesen geschickten Schachzug konnte der Klingelmörder zumindest nicht zu ihm in den Flur reinschauen. Was für eine enorme Beruhigung!

Ganz langsam bewegte Willi sich auf seine Haustür zu. Ohne auch nur das geringste Geräusch zu machen, näherte er sich, stets zum sofortigen Rückzug bereit, mit seinem Kopf der Tür. Ängstlich schob er sein rechtes Auge vor den Türspion, während er sein linkes Auge gleichzeitig fest zukniff.

Ach du grüne Neune! Vor Schreck vergaß er fast zu atmen. Der Klingelmörder war komplett in Schwarz gekleidet, mit einer vermutlich sehr großen schwarzen Kapuze über seinem ganzen Kopf.

Es war entsetzlich!

Willis Herz klopfte ihm bis zum Hals. Was sollte er nun tun? Er würde allen Mut brauchen, den gefährlichen Klingelmörder durch einen Überraschungsangriff zu vertreiben. Er musste es tun – es blieb ihm keine andere Wahl!

Ohne sein Auge von dem Spion zu entfernen, tastete Willis rechte Hand nach dem kleinen schmalen Schuhschränkchen, das im Flur am der Wand stand. Er wusste, dort lag noch die Packung Spaghetti, die er neulich mal gekauft hatte. Was für ein glücklicher Zufall!

Leider war auch diese Aktion wieder schwerer, als vorab angenommen. Zunächst wühlten sich seine Finger geübt durch mengenweise vollgeschniefte Taschentücher, aber dann fanden seine gelenkigen Greifwerkzeuge doch noch das gesuchte Utensil.

Griffig und dabei elegant wie ein Mordinstrument lag die Packung Spaghetti in seiner Hand und fühlte sich verdammt gut an.

Ein wahnsinniges Gefühlschaos, bestehend aus Angst und Sorge, vermischt mit dem Empfinden von Sicherheit durch die Spaghetti-Waffe, pumpte Willi das Adrenalin durch seinen seit Wochen nicht geduschten Körper und ließ ihn leichtsinnig werden:

Er entfernte sein rechtes Auge von dem Spion, trat einen Schritt zurück, griff entschlossen mit der linken Hand nach dem Türgriff, hielt mit der rechten Hand seine Spaghetti zum Schlag bereit, riss auf ein unhörbares, geheimes Kommando, das er selbst an seinen Körper gab, mit markerschütternd lautem Gebrüll die Haustür auf, sprang gleichzeitig mit wild um sich schlagenden Spaghetti nach draußen – und hörte hinter sich simultan einen ohrenbetäubenden Knall:

Seine Haustür war in Schloss gefallen!

Während sich auf der gegenüberliegenden Straßenseite drei Lausebengel aus der Nachbarschaft vor Lachen über ihren gelungenen Streich beinahe in die Hosen pullerten, war Willi indes überglücklich:

Er hatte es ganz alleine geschafft, den heimtückischen Klingelmörder erfolgreich zu verjagen. Und dabei hatte dieser fiese schwarze Typ sogar noch auf ihn geschossen! Willi war eines ganz klar: Wenn er sich nicht so geschmeidig und entschlossen auf diesen Kerl gestürzt hätte, wäre vermutlich ein schlimmes Blutbad angerichtet worden!

Erleichtert und stolz blickte Willi zu seiner Haustür und atmete auf. Zum Glück war der Türspion immer noch von außen mit dem schwarzen Klebeband abgeklebt. Nur so war es ihm gelungen, seine Vorbereitungen für den finalen Überraschungsangriff vor dem Klingelmörder geheim zu halten.

Mit immer noch vor Stolz geschwollener Brust und sicheren Schrittes wollte Willi wieder ins Haus eilen. Es gab ein sehr lautes, dumpfes Geräusch, als er mit seinem ganzen Körper vor die geschlossene Haustür rannte.

Willi fiel rücklings auf den Boden und strampelte hilflos mit seinen Armen und Beinen wie ein umgefallener Maikäfer.

Im Haus plärrte nach wie vor der Fernseher laut vor sich hin. Eine – vermutlich blonde – Nachrichtensprecherin sagte gerade leicht blasiert:

»Die Scherze zum 1. April sind in diesem Jahr besonders kreativ und originell. Leider geht es aber auch extrem einfallslos:

Eine bekannte Tageszeitung warnt heute auf ihrer Titelseite vor dem berüchtigten Klingelmörder. Auf so einen banalen und einfältigen Aprilscherz wird vermutlich kein einziger Mensch reinfallen ...«

Natur pur

So manchem Stadtmensch fehlt zuweilen,
die Zeit, in die Natur zu eilen.
Er hastet täglich ins Büro
und ist darüber wenig froh.
Wie schön wär's doch, jetzt lustzuwandeln,
anstatt die Rüffel einzuhandeln,
die so ein elend dummer Mann
– auch Chef genannt – uns geben kann.

Ruth geht es da wie andren auch,
sie schaut ihm auf den dicken Bauch,
lässt ihn ganz einfach weitertosen
und denkt ihn sich in Unterhosen.
Das ist zwar etwas liederlich,
vielleicht sogar auch widerlich,
doch hilft es ihr entschieden weiter
und ihr Gemüt wird wieder heiter.

Kaum ist der Chef zur Tür hinaus,
schüttelt sie sich vor Lachen aus.
Sie wird nun auch nicht länger bleiben,
die Briefe kann sie morgen schreiben!
Sie will hinaus ins Grüne gehen
und etwas von der Welt ansehen.
Drum lässt sie Fünfe grade sein
und wandert in den Wald hinein.

Dort kommt sie bald an eine Lichtung
und schaut von dort in eine Richtung,
wo eine grüne Wiese lockt,
auf der ein fetter Hase hockt.
»Das ist es!«, ruft sie ganz verzückt –
das Häschen scheint nicht sehr beglückt.
Es wirf den Hintern in die Höh,
gibt Fersengeld und sagt Adieu.

»Dann eben nicht, du feiges Tier«,
sagt sie und lässt sich nieder hier.
Auch eine Fliege wird verscheucht,
damit sie Ruth nicht mehr umfleucht.
Nun hat sie endlich ihre Ruh
und schaut dem Gras beim wachsen zu.
Das strengt auf Dauer mächtig an,
so dass sie auch gut schlafen kann.

Ganz sanft wird sie vom Wind gestreichelt,
und fühlt sich dadurch sehr geschmeichelt.
Sie träumt ganz selig von Hawaii,
mit sexy Männern noch dabei,
da wird sie unsanft aufgeweckt,
weil jemand ihre Zehen leckt.
Dann macht es zeitgleich ganz laut »MUUUH«
und vor ihr steht 'ne Riesenkuh!

Voll Panik springt sie auf die Beine,
erschrickt damit die »süße Kleine«,

schnappt sich noch schnell ihr Hab und Gut,
doch dann verlässt sie auch der Mut.
Die Jacke in der rechten Hand,
die Tasche in der linken,
tritt sie in einen Fladen rein
und kann dann nur noch hinken.

Ruth flucht ganz laut und hofft doch sehr,
die Kuh kommt ihr nicht hinterher,
doch wagt sie nicht, sich umzudrehen
und dieses Monster anzusehen.
Derweil sie umknickt, hinkt und schreit,
merkt sie: die Kuh ist nicht mehr weit!
Als die sie dann von hinten knufft,
fliegt Ruth drei Meter durch die Luft.

Betäubt bleibt sie am Boden liegen
und sieht dort viele Sterne fliegen.
Der Kuh scheint diese Tat zu reichen,
sie lässt geräuschvoll Luft entweichen,
bevor sie sich von dannen schleicht
und Ruth die kalte Schulter zeigt.

Ruth streckt ganz langsam ihre Glieder,
und reibt sich ängstlich ihre Lider.
Sie schaut der Kuh nach und denkt matt:
Warum sie wohl kein Euter hat?
Da wird ihr langsam schmerzhaft klar,
dass diese Kuh ein Bulle war!

Brunnenfest

Dicke Männer sind gemütlich,
schreien nicht und sind recht friedlich,
darum nahm sie auch den Rainer,
den wollte ansonsten keiner,
den wollte weder Frau noch Mann,
da wollte wirklich niemand ran!

Verliebt hat sie ihn angesehen,
sie konnte das nicht recht verstehen.
Zusammen kauften sie ein Haus –
und dann war's mit der Liebe aus!
Der Dicke hing nur faul herum
und sie arbeitete sich krumm.

Durch seine Frau kam Geld ins Haus,
für Alkohol gab er es aus.
Er konnte nicht mehr so gut laufen,
doch reichte es, um Bier zu kaufen.
Auch für den Schnaps, man hat's gesehen,
da konnte er ganz prächtig gehen.

Sie musste für ihn täglich kochen,
doch selber war sie Haut und Knochen.
Der Ekel war gleich heftig da,
wenn sie den Gatten essen sah.
Wächst die Verzweiflung mehr und mehr,
kommt oft ein kleines Licht daher …

So suchte sie mit einem Spaten,
den alten Brunnenschacht im Garten.
Sie fand ihn schnell und ihr war klar,
dass dieser sehr marode war.
Die Abdeckung würd' niemand tragen,
das brauchte sie nicht hinterfragen.

Zwei Meter Abstand – oder drei,
dann rief den Gatten sie herbei.
Der kam verärgert – wie ein Stier,
sie lockte: „Komm doch her zu mir!“
Sie warnte nicht vor der Gefahr
und hoffte, dass er's übersah.

Sein nächster Schritt, viel Krach – ein Schrei,
dann war der Spuk auch schnell vorbei.
Der Gatte fiel mit seiner Masse,
in diesen tiefen Schacht – wie klasse!
Sie schaute fröhlich hinterdrein,
den Dicken hörte hier kein Schwein!

Damit der Mann nicht lange litt,
gab sie ihm ein paar Steine mit,
die warf sie schwungvoll auch hinein,
denn etwas Sicherheit muss sein …
Er schrie noch etwas – ab und zu,
doch nach dem schwersten Stein war Ruh!

Damit ein schönes Beet draus werde,
füllte sie den Schacht mit Erde.
Die Blumen blühen dort ganz prächtig,
darüber freut sie sich nun mächtig.
Ihr Gatte wurd' noch nicht vermisst –
nur sie weiß, wo der Dicke ist!

Ein Fall für Herbert

»Neue Klamotten für dich!«, rief Walter zynisch durch das Treppenhaus und schmiss seiner Frau, die aus dem Wohnzimmer herbeigeeilt kam, einen prall gefüllten Altkleidersack vor die Füße.

Er grinste hämisch, denn er wusste, wie sehr er sie damit verletzte.

Emelie sah ihn nicht an. Betroffen schaute sie zu Boden. Wie schon so oft fragte sie sich, warum ihr Mann nie Passanten auffiel, wenn er die Beutel mit den Anziehsachen, die eigentlich eine Spende für bedürftige Menschen sein sollten, vom Straßenrand entwendete und mit nach Hause nahm. Es würde eine unglaubliche Blamage für ihn sein, dabei gesehen zu werden. Als Bankangestellter verdiente er gutes Geld und sicherlich würde niemand Verständnis für sein Handeln aufbringen. Aber er wurde nie gesehen und deshalb konnte er sie immer wieder aufs Neue damit erniedrigen und demütigen.

Eine Haarsträhne fiel ihr ins Gesicht, als sie sich bückte. Sie hob den Sack wortlos vom Boden auf und trug ihn in den Keller.

Ihr Antlitz wirkte grau und abgespannt. Sie war zu müde, um wütend zu werden.

»Nun mach endlich voran, damit was auf den Tisch kommt!«, schnauzte Walter hinter ihr her, während er geräuschvoll den Küchentisch zurechtrückte.

»Ich bin gleich fertig«, erwiderte Emelie und eilte schuldbewusst herbei. Hektisch wischte sie mit einem Zipfel ihrer Schürze über die Tischplatte, bevor sie das Essen auftrug.

»Es gibt Rotkohl und Braten«, sagte sie, wohl wissend, dass es eigentlich völlig gleichgültig war, was auf dem Tisch stand. Walter aß nicht – er fraß!

Warum mache ich mir solche Mühe, dachte sie angewidert, ich könnte ihm genauso gut Hundefutter hinstellen und er würde es trotzdem in sich rein schaufeln! Ekelgefühl schnürte ihr die Kehle zu, als Walter laut hustend sein Essen wieder auf den Teller spuckte, um es gleich darauf erneut in den Mund zu stecken.

Ich ertrage es nicht mehr, dachte Emelie, verzweifelt bemüht, sich nichts anmerken zu lassen. Walter wollte sie bewusst provozieren und er schaffte es auch immer wieder. Sie war heilfroh, als er sich endlich, geräuschvoll rülpsend, vom Stuhl erhob und ins Schlafzimmer begab.

Wie jeden Abend zog er sich auch heute sofort nach dem Essen für seine tägliche Radtour um. Es war schon empfindlich kühl draußen und so schlang er als Windschutz seinen dunkelblauen Schal um den Kopf.

Kaum hatte er das Haus verlassen, wurde Emelie hektisch. Sie musste sich beeilen, denn auch sie verschaffte sich neuerdings an einigen Abenden etwas körperliche Betätigung. Hastig zog auch sie sich um.

Das trübe, regnerische Wetter war absolut optimal für ihr Vorhaben. Nur wenige Minuten nach Walter verließ sie ebenfalls das Haus, allerdings durch den Hinterausgang, damit niemand sie sehen konnte. Schnell durchquerte sie den Garten, dessen Boden komplett mit dem bunten Laub des alten Birnbaumes bedeckt war.

Das Laub wird die Sache vereinfachen, dachte Emelie, als sie das Gartentörchen öffnete, um auf den schmalen Feldweg zu gelangen.

Der Weg war menschenleer, genau wie an den beiden letzten Abenden. Gut so! Sie huschte den Weg hinunter, dicht an der Mauer entlang, die den Garten fast komplett umgab. Nach wenigen Metern hielt Emelie inne. Die Mauer ging nun links ab und wurde in ihrem weiteren Verlauf von fast undurchdringlichem Buschwerk verdeckt, das aber auch noch zu ihrem eigenen Grundstück gehörte.

Emelie blickte sich prüfend um. Manchmal waren noch Jäger oder Bauern unterwegs, doch auch heute war »die Luft rein«. Sie griff einige Zweige, schob sie zur Seite und verschwand behände in dem Dickicht. Niemand würde sie hier sehen können und das war gut so, denn sie hatte noch einiges zu erledigen.

Als Walter kurz nach zweiundzwanzig Uhr wieder angeradelt kam und vor seinem Haus anhielt, sah er, dass Emelie an ihrer Nähmaschine saß, genauer gesagt, er sah ihre linke Schulter. Den Rest von ihr verdeckte die halb zugezogene Übergardine. Durch das gekippte Wohnzimmerfenster war das laute Rattern der uralten Maschine zu hören.
Er grinste, als er vom Fahrrad stieg.

Sie arbeitet den Altkleidermüll um, den ich ihr mitgebracht habe, dachte er. Freundlich nickte er einen kurzen Gruß zur anderen Straßenseite hinüber. Dort saß, wie jeden Abend, Oma Wiemüller mit ihrem Dackel am geöffneten Fenster und hoffte auf ein Pläuschchen. Oft blieb Walter bei ihr stehen, ließ sich über die neuesten Gerüchte informieren, kraulte währenddessen den betagten Dackelherrn und brachte ihm ab und zu sogar einen Leckerbissen mit. Heute war ihm nicht danach. Er war spät dran und es war inzwischen dunkel geworden. Die Laternen hatten sich schon eingeschaltet und warfen ihr spärliches Licht auf die Straße. Um diese Zeit war die Gegend wie ausgestorben.

Begleitet von einer Geräuschkulisse aus Schlüsselgeklimper, Rülpsen und Schlurfen betrat Walter den Hausflur und kurz darauf das Wohnzimmer.

Emelie saß immer noch an der Nähmaschine und legte ein Kleidungsstück mit einem Seufzer zur Seite. Sie wusste, was nun kommen würde …

»Wo sind meine Schlappen, wo ist mein Bier?«, schnauzte Walter und schmiss sich in den Fernsehsessel. Stöhnend zog er seine Schuhe aus und warf sie quer durch den Raum. Sie verfehlten den Kopf seiner Frau nur knapp.

»Abwarten, mein Lieber«, flüsterte Emelie leise, als sie von der Nähmaschine aufstand um die Schuhe aufzuheben. »Oft wirst du das nicht mehr machen!«

Am Freitag erwachte Emelie lange bevor der Wecker schellte.

Walter schlief noch. Sein Mund stand weit offen. Er schnarchte zum Beton erweichen.

Leise stand Emelie auf. Sie würde ihn erst wecken, wenn das Frühstück fertig war. Müde warf sie sich ihren Bademantel über und ging in die Küche um das Kaffeewasser aufzusetzen. Den Luxus einer Kaffeemaschine kannte sie nicht. Walter hasste es, für so einen neumodischen Kram, wie er es nannte, sein schwer verdientes Geld auszugeben. Während der sich langsam erhitzende Wasserkessel leise vor sich hin summte, dachte sie an die letzten Worte ihrer Mutter zurück.

»Kind«, hatte diese auf dem Sterbebett kraftlos und mit leiser Stimme geflüstert, »heirate nicht den Walter Hochstetter, er ist ein schlechter Mensch, der tut nur nach außen hin schön!«

Der heiße Wasserdampf schlug Emelie ins Gesicht und holte sie in die Wirklichkeit zurück. Hätte ich damals doch auf Mutter gehört, dachte sie traurig, während sie den Kaffee aufbrühte. Gleich würde Walter aufstehen und sich wieder ungewaschen und im Unterhemd an den Frühstückstisch setzen. Eine echte Augenweide!

Pünktlich um acht Uhr machte Walter sich fertig, um zur Bank zu fahren. Sobald er das Haus verließ, wurde aus ihm ein anderer Mensch. Kein Nachbar oder Kollege hätte jemals vermutet, dass er sich Daheim in einen fiesen Tyrann verwandelte. Jeder kannte ihn hier als freundlichen und hilfsbereiten Menschen, immer gut gekleidet und mit vorzüglichen Manieren.

Aus den Augenwinkeln beobachtete Emelie, wie sich auch an diesem Morgen die wundersame Verwandlung ihres Mannes vollzog. Seit er eine neue Kollegin hatte, übergoss er sich mit Unmengen von dem teuersten Rasierwasser.

»Deine Kollegen riechen dich schon, wenn du hier das Haus verlässt«, hatte Emelie einmal scherzhaft gesagt und den Ausspruch sogleich bitter bereut. Er hatte sie verprügelt, bis sie blutend zusammenbrach.

Diese furchtbaren Erinnerungen, die ihr immer wieder in den Sinn kamen, beflügelten Emelies Aktivitäten entschieden. Heute war endlich der Tag gekommen, der ihr Leben verändern würde! Doch bevor es soweit war, gab es für sie noch viel zu erledigen …

Emelis Armbanduhr zeigte genau siebzehn Uhr als sie sich erleichtert in den Sessel fallen ließ. Wie schön, sie hatte alle Vorbereitungsarbeiten pünktlich geschafft!

Sie schloss ihre Augen und wartete, innerlich zunehmend unruhiger werdend, auf Walter. Wo blieb er nur? Er müsste schon längst zu Hause sein!

Das Ticken der Wanduhr wurde unerträglich.

»Ich schaffe es nicht«, flüsterte Emelie resignierend, als es neunzehn Uhr wurde. »Der ganze Zeitplan stimmt nicht mehr, das ist ein schlechtes Omen. Ich werde es nicht tun!«

Sie erschrak plötzlich vor ihren eigenen Gedanken.

»Wie bin ich bloß auf diese wahnsinnige Idee gekommen? Ich muss verrückt geworden sein!«, sagte sie laut. Sie hatte das Gefühl, aus einem bösen Traum zu erwachen. Ausgerechnet sie, die keine Fliege erschlagen konnte, hatte geplant, ihren Mann zu töten! Sie verstand sich selbst nicht mehr!

Als Walter kurz darauf die Haustür aufschloss, lief Emelie sofort hektisch und schuldbewusst in den Flur, um ihm seinen Mantel und seine Tasche abzunehmen.

»Hast du nicht mehr alle Tassen im Schrank«, schnauzte Walter. Er warf ihr seine Sachen zu. »Was kommst du denn wie eine Irre angerannt, dass mir fast das Herz stehen bleibt?«, er tippte zur Unterstützung seiner Worte unmissverständlich mit dem Finger an seine Stirn. Emelie schwieg.

»Ist das Essen wenigstens fertig?«, polterte er, schob seine Frau mürrisch zur Seite und ging in die Küche.

»Ja, gleich«, Emelies Stimme nahm einen untertänigen Ton an, um ihn nicht weiter zu erzürnen. Sie folgte ihm eilig. »Setz dich doch schon mal hin. Es gibt Schnitzel mit Erbsen und Möhren«, sagte sie erklärend, während sie die Teller mit dem dampfenden Essen füllte.

Walter wartete nicht, bis seine Frau sich auch an den Tisch setzte. Gierig häufte er seine Gabel und schob sie sich, laut schnaufend, in den Mund. Augenblicklich traten ihm die Augen fast aus den Höhlen. Das Essen in alle Richtungen speiend, fegte er mit einer unwirschen Handbewegung den Teller vom Tisch.

»Willst du mich umbringen, du blödes Stück?«, sein Kopf lief puterrot an. »Das Zeug ist total versalzen!«

Die Schüsseln flogen in einem hohen Bogen dem Teller hinterher.

»Wisch den Tisch sauber, aber zügig, sonst ...«, die Worte blieben ihm im Halse stecken, als er sich herumdrehte und Emelie anstarrte.

Triumphierend sah sie das fassungslose, ungläubige Entsetzen in seinen Augen – dann stach sie zu, mit aller Kraft, zu der sie fähig war, wieder und wieder, bis sein Körper leblos zusammensackte.

»Was sonst?«, fragte sie hasserfüllt, »was sonst ...?«

Ich habe es tatsächlich getan, dachte Emelie verblüfft. Sie beobachtete emotionslos, wie das Blut in kleinen Rinnsalen Walters Rücken hinunterfloss. Lautlos tropfte es auf den Boden. Sie fühlte nichts, weder Betroffenheit noch Reue.

Erst, als ihr das Messer aus der Hand glitt und mit einem dumpfen Geräusch auf die Fliesen fiel, kam sie wieder zu sich. Wie um Himmels willen war das Messer in ihre Hand gekommen? Sie wusste es nicht mehr. Sie hatte Walter nicht mehr töten wollen, sie hatte ihren Plan doch inzwischen längst verworfen! Wieso war es nun doch geschehen?

Mechanisch tat Emelie das, was sie schon tausendmal in Gedanken getan hatte: Sie holte die alten Bettbezüge, die großen Plastiksäcke und eine Wäscheleine aus der Abstellkammer, stellte das Putzzeug bereit und füllte den Eimer mit fast kochendem Wasser.

Der Anblick von Walter war grauenhaft. Ihr war speiübel. Ich muss mich jetzt zusammenreißen, dachte sie.

Ihre Hände zitterten wie Espenlaub, als sie Walter in die Bettbezüge einwickelte, die das ausströmende Blut aufsaugen sollten. Anschließend zog sie einige der großen Plastiksäcke über das Bündel. Sorgfältig umwickelte und verknotete sie alles mit der Wäscheleine. Sie keuchte vor Anstrengung.

Walter schien plötzlich bleischwer geworden zu sein. Die Blutspuren und Essensreste wischte sie zunächst nur flüchtig weg. Das konnte warten. Jetzt drängte die Zeit. Sie musste für ihr Alibi sorgen!

Mit alten Zeitungen stopfte Emelie einen ihrer Pullover aus. Die Ärmel befestigte sie mit Klebestreifen an der Nähmaschine. Sie schaltete die kleine Wandlampe ein, ebenso wie den alten Recorder, den sie auf das Fenstertischchen stellte. Die Cassette würde über eine Stunde lang die knatternden, lauten Geräusche der Nähmaschine abgeben. Wie gut, dass sie dieses alte Gerät noch auf dem Speicher gefunden hatte. Fast ein Wunder, dass sie damit noch mühelos die Geräusche aufnehmen konnte. Ein perfekter Nachweis, dass sie Zuhause war. Die dadurch gewonnene Zeit musste ausreichen!

Das Fenster stand bereits auf Kippe. Sie zog die Gardine ein wenig zur Seite, genau so weit, dass man von der Straße aus ein Stück Arm und etwas von dem Schulterbereich des ausgestopften Pullovers sehen konnte.

Vorsichtig und in leicht gebückter Haltung schlich Emelie aus dem Zimmer, um von draußen nicht gesehen zu werden.

Schnell zog sie sich um.

Walters Sachen passten ihr perfekt. Das lange Haar trug sie jetzt streng nach hinten gekämmt. Sie hatte es mit einem Gummiband umwickelt und dann in ihrem Kragen verschwinden lassen. Der dunkelblaue Schal verdeckte ihren Kopf so gut, dass sie – im Falle eines Falles – jeder Nachbar für Walter halten musste!

Bevor sie das Haus verließ, warf sie noch einen Blick durch die Flurscheibe.

Oma Wiemüller hatte soeben ihren Beobachtungsplatz am Fenster eingenommen, wie jeden Abend. Ihr fetter Dackel thronte auf seinem roten Plüschkissen neben ihr. Emelie konnte beide nicht ausstehen, aber es war wichtig, dass die Alte sie wegradeln sah, in der Annahme, es wäre Walter.

Sich gelenkig auf Walters Fahrrad schwingend winkte sie Oma Wiemüller kurz zu. Diese winkte erfreut zurück, wie sie es auch bei Walter immer tat. Sehr gut!

Aus den Augenwinkeln blickte Emelie verstohlen zum Wohnzimmerfenster hinüber. Sie sah ein Stück Arm und hörte die Nähmaschine rattern. Besser ging es nicht!

Emelie radelte Walters tägliche Strecke über den Solterweg, vorbei an der Papiermühle und dann den schmalen Weg direkt an der Wupper entlang.

Es war nicht viel los, das war gut für sie!

Walter fuhr die Strecke gewöhnlich bis zum Kirschberger Kotten hinunter, um dann, einen großen Bogen über die Feldwege schlagend, wieder nach Hause zurückzukehren. Die ganze Strecke würde Emelie nicht fahren. Sie hatte lange Ausschau gehalten, um eine optimale Stelle für ihren Plan zu finden – und sie hatte Erfolg gehabt! Es würde im Nachhinein so aussehen, als wäre Walter vom Weg abgekommen und in den Fluss gestürzt. Durch Zufall hatte sie erfahren, dass an ungefähr der gleichen Stelle vor einigen Jahren ein Jugendlicher verunglückt war. Damals war sofort eine große Suchaktion eingeleitet worden, um den Jungen vielleicht noch lebend zu bergen. Alle Maßnahmen verliefen zunächst erfolglos. Die Leiche hatten Spaziergänger erst Wochen später ein ganzes Stück flussabwärts gefunden.

Walters sterbliche Reste würde man zwar nicht auffinden können, aber Emelie ging davon aus, dass diese Tatsache, untermauert durch die damaligen Erfahrungen, sicherlich keinen besonderen Verdacht erregen würde. Walter war nicht sonderlich groß und recht schlank für sein Alter, da konnte es gut sein, dass es ihn halt etwas weiter fortgetrieben hatte …

In Gedanken versunken wäre Emelie fast zu weit geradelt. Gerade noch rechtzeitig besann sie sich wieder auf den Weg und hielt mit dem Fahrrad an einem großen Holunderbusch an. Hier hatte sie schon vor Tagen einige Kleidungsstücke versteckt. Sie blickte sich nach allen Seiten um.

Kein Mensch weit und breit – gut so!

Einen Augenblick hielt sie inne und schaute zweifelnd die Wupper an. Hier sollte die Strömung wirklich so unglaublich stark sein, dass eine Leiche unauffindbar wegtrieb? Die Stelle war mit Sicherheit richtig, denn die Bäckersfrau, die ihr die Geschichte erzählt hatte, hatte ihr sogar einen alten Zeitungsbericht mit großem Foto gezeigt.

»Wenn die Zeitung das geschrieben hat, dann wird es wohl stimmen«, murmelte Emelie leise.

Entschlossen warf sie das Rad so weit wie sie konnte in die Wupper hinein. Sie schaute zufrieden hinterher. Es lag nun so im Wasser, dass es vom Weg aus gerade noch zu erkennen war. Vielleicht würde sogar das Fahrrad etwas forttreiben, bis es letztendlich jemand finden würde. Die Suche nach Walters sterblichen Überresten würde man schon irgendwann aufgeben, dann könnte sie nach einer gewissen Wartezeit bei der Verwaltung beantragen, ihn für tot erklären zu lassen.

Verdeckt vom Gebüsch zog Emelie sich um.

Walters Kleidungsstücke, seine Schuhe, den Schal und die Radlerhandschuhe, die sie zur Vermeidung von Fingerabdrücken getragen hatte, verstaute sie sorgfältig in einer dunklen Tragetasche. Sie durfte hier nichts zurücklassen!

Wie nett von Walter, dass er mir wieder so einen Altkleidersack nebst Inhalt geschenkt hat, dachte Emelie, als sie die ungewohnten Kleidungsstücke anzog. So würde sie auf dem Rückweg garantiert nicht erkannt werden, weder als Walter noch als Emelie, zumal es inzwischen schon recht dunkel geworden war.

Völlig ungesehen konnte Emelie den Heimweg zurücklegen und Zuhause wieder durch das hintere Gartentor schlüpfen.

Nun schnell auf allen Vieren zurück ins Wohnzimmer robben, den Recorder ausschalten, das Fenster schließen, die Gardine zuziehen und das Rouleau herunterlassen.

Geschafft! Emelie atmete erleichtert auf.

Mit neuer Energie zerrte sie das blaue Müllsack-Bündel, in dem Walter sein lebloses Dasein fristete, quer durch den Garten. Mit aller Kraft wuchtete Emelie ihn, den Oberkörper vorab, auf die Mauer, die den Garten zum Feld hin eingrenzte. Als sie die Beine in die Höhe hievte, glitt Walter ihr aus den Händen und entsorgte sich sozusagen selber. Super!

Das viele Laub vereinfachte es, die Schleifspuren auf dem Gartenboden zu verwischen. Nun musste sie noch zur anderen Seite eilen, das Bündel in das vorgeschaufelte Erdloch versenken, selbiges dann wieder mit Erde auffüllen und mit einer Laubschicht bedecken.

Beschwingt schnappte Emelie sich die Tragetasche mit Walters Sachen und eilte mit einem neuen Lebensgefühl den Feldweg hinunter.

Bisher hatte alles reibungslos funktioniert!

Am Gebüsch angekommen, kroch sie durch die Zweige in das Dickicht hinein und schaltete ihre Taschenlampe an. Im trüben Lichtschein betrachtete sie zufrieden ihr Werk und musste leise kichern.

Walter machte ihr das Leben ausnahmsweise erstaunlich leicht: Er war freundlicherweise direkt neben der von ihr mühsam und in stundenlanger Arbeit ausgehobenen Grube gelandet! Sie musste ihn nur noch hineinrollen und alles wieder zuschaufeln.

Sie nahm Walters Sachen aus der Tasche und drapierte sie auf dem Plastiksack mit seiner Leiche. Ganz zuletzt ließ sie den Schal nach unten gleiten.

So richtig tief ist sein Grab zwar nicht, dachte sie, aber wer würde sich schon hier im Dickicht herumtreiben und Ausgrabungen vornehmen, zumal es sich dabei noch um ihr eigenes Grundstück handelte, auf dem niemand etwas zu suchen hatte.

Walter hatte damals die Büsche nicht vernichten wollen. Er hatte deshalb die Mauer, die jetzt den Garten einfasste, etwa zwei Meter versetzt ziehen lassen. Emelie hatte die Idee seinerzeit ziemlich schwachsinnig gefunden, zumal dadurch einige Quadratmeter Garten »verschenkt« wurden, aber Walter hatte das natürlich wenig gestört. Nun erwies sich gerade diese Sache als erstaunlich positiv!

Sollte die Polizei auf die Idee kommen, im Haus und im Garten nach Spuren von Walter zu suchen, was Emelie nicht wirklich annahm, so wäre nichts Verdächtiges zu finden. Für jeden, der die Vorgeschichte nicht wusste, hörte der Garten an der Mauer auf.

Leise vor sich hin summend traf Emelie nach vollbrachter Tat wieder Zuhause ein. Jetzt noch die fiesen Blutflecken beseitigen, das war es dann.

Sie konnte mit sich zufrieden sein!

Während Emelie am nächsten Morgen in der Duschkabine stand und das warme Wasser über ihren Körper laufen ließ, überdachte sie ihr weiteres Vorgehen. Schauspielern und lügen konnte sie nicht gerade gut, aber sie würde in einigen Stunden zur Polizei gehen und dort die besorgte Ehefrau spielen müssen. Davor hatte sie Angst! Fast den ganzen Vormittag verbrachte sie vor einem Spiegel, kontrollierte und korrigierte ihren Gesichtsausdruck, während sie ein fingiertes Gespräch führte. Es war schon fast ein Uhr, als sie endlich ihren Mantel überzog und sich auf den Weg zur Polizei machte.

Ihr erster Blick beim Verlassen des Hauses fiel auf Oma Wiemüller, die neugierig in ihrem geöffneten Fenster Stellung bezogen hatte.

Nichts wie weg, dachte Emelie genervt und ging zügig die Straße hoch. Gut fühlt sie sich nicht.

Als sie die Tür zur Polizeiwache öffnete und die Dienststelle betrat, verkrampfte sich ihr Magen. Vor Schmerzen bekam sie kaum noch Luft. Die Polizistin, die ihre Angaben aufnahm, wertete Emelies Nervosität als Sorge um Walter – das war gut so! Im Prinzip verlief alles viel leichter, als sie es sich in Gedanken vorab ausgemalt hatte.

Auf dem Heimweg fühlte Emelie sich von einer zentnerschweren Last befreit. Auch der Magen schmerzte nicht mehr und am liebsten wäre sie vor Erleichterung gehüpft. Sie würde sich in den nächsten Tagen Daheim verkriechen, um allen unangenehmen Fragen der Nachbarschaft auszuweichen. Wenn bekannt würde, dass Walter tödlich verunglückt war, könnte sie ihr Gesicht beim Verlassen des Hauses mit einem vorgehaltenen, dunklen Tuch etwas verdecken und ihrer Augenpartie mit etwas Rouge ein verweintes Aussehen geben. Die Nachbarn sollten Verständnis haben, wenn sie nach solch einem schweren Schicksalsschlag mit niemandem reden wollte.

Zwei Tage später rissen laute Stimmen und einige verständliche Wortfetzen Emelie aus ihren Gedanken. Sie eilte zu dem leicht geöffneten Wohnzimmerfenster und versuchte, einige Sätze vollständig zu erlauschen. Auf der Straße tratschte Oma Wiemüller lauthals mit Johanna Ahlhaus, einer anderen Nachbarin von der gegenüberliegenden Straßenseite. Emelie, die einige Sätze verstehen konnte, fragte sich verblüfft, woher die beiden Alten so viel wussten. Die mussten ihre Informationen direkt von der Polizei erhalten haben, anders war das kaum möglich! Offensichtlich hatte die Polizei Walters Fahrrad gefunden, aber es durfte wohl nicht angehen, dass die Nachbarn diese wichtige Tatsache vor der eigenen Ehefrau erfuhren!

Emelie merkte, wie die Wut in ihr hochstieg. Hatte sie als Walters Frau nicht das Recht, als Erste zu erfahren, was man herausgefunden hatte, sofern es mit dem Verbleib ihres Mannes zu tun hatte? Obgleich sie am liebsten vor Entrüstung geplatzt wäre, beschloss sie, ruhig abzuwarten, bis die Polizei bei ihr eintreffen würde, um sie über den neusten Stand der Dinge zu informieren. Sie würde sich ahnungslos und dumm stellen. Es war ohnehin mehr als fraglich, ob es sich bei dem Fund tatsächlich um Walters Fahrrad handelte.

Ein großer Vorteil war jedenfalls, dass sie sich innerlich schon auf das anstehende Gespräch vorbereiten konnte.

Ganze drei Stunden später war es dann so weit. Emelie tat erstaunt, als es schellte und zwei Polizeibeamte vor der Tür standen, um sie zu benachrichtigen.

»Mein Gott, wie schrecklich«, sagte Emelie mit zitternder Stimme und sah die Polizisten mit Tränen in den Augen an. »Womöglich ist er in den Fluss gestürzt und von der Strömung abgetrieben worden«, mutmaßte Emelie mit weinerlicher Stimme. »Gerade dort ist doch so eine gefährlich Strömung!«

Der jüngere Beamte, der sich ihr mit Bernd Schäfer vorgestellt hatte, sah sie verdutzt an, doch bevor er nachfragen konnte übernahm sein Kollege die Gesprächsführung.

»Dürfen wir noch erfahren, was Sie an dem Abend gemacht haben, an dem Ihr Mann verschwunden ist?«, dem Beamten fiel die Frage hörbar schwer.

»Ich habe den ganzen Abend an der Nähmaschine gesessen und Kleidung umgenäht. Die Frau Wiemüller von gegenüber kann das bestimmt bestätigen, sie hat im Fenster gelegen und muss mich gesehen haben«, Emelie schluchzte herzerweichend auf.

Die Beamten gaben ihr Bestes, um ihr einige tröstende Worte zuzusprechen, bevor sie sich verabschiedeten und wieder abfuhren.

»So, das wäre vollbracht«, flüsterte Emelie leise, als sie hinter den Herren die Haustür verschloss. »Das habe ich doch richtig gut gemacht. Dieser dezente Hinweis mit der Strömung war optimal, da haben die schon gleich einen Anhaltspunkt!«

Zufrieden begab sich Emelie in die Küche um eine wohlverdiente Tasse Kaffee zu genießen.

Bernd Schäfer sah seinen Kollegen Karl Blombach, der sich auf den Verkehr konzentrierte, von der Seite an. Er war Polizist mit Leib und Seele. Das war vielleicht auch der Grund, warum er sofort riechen konnte, wenn etwas faul war.

»Was ist?«, fragte Karl Blombach, der den prüfenden Blick von der Seite bemerkte. Er schaute ihn fragend an.

Schäfer zuckte mit den Schultern. »Weiß ich auch noch nicht so genau, aber mich macht die Bemerkung mit der starken Strömung stutzig. Woher weiß denn die Frau Hochstätter, dass an der Fundstelle vom Fahrrad eine starke Strömung ist? Wir haben mit keiner Silbe erwähnt, an welcher Stelle das Fahrrad gefunden wurde, aber sie weiß, dass genau dort eine starke Strömung ist?«

Blombach machte ein beschwichtigendes Zeichen mit der Hand.

»Du weißt doch, Solingen ist wie ein Dorf, hier bleibt nichts geheim! Wahrscheinlich hat ihr das jemand erzählt, der die Kollegen gesehen hat, als sie das Fahrrad aus dem Wasser gefischt haben«, vermutete er.

»Und wie ist das mit der angeblichen Strömung?«, fragte Schäfer penetrant nach und ließ nicht locker.

»Das ist dummes Gerede, mehr nicht«, sagte Blombach, während er den Wagen genau vor der Dienststelle einparkte. »Da gab es vor Jahren den Fall mit diesem Jörg Behrends, oder wie der noch gleich hieß. Nach dem haben wir längere Zeit suchen müssen. Da hatte der Fluss aber starkes Hochwasser. Nach einem Saufgelage mit seinen Kumpels hatte der junge Mann die Idee, ein Stück in der Wupper zu schwimmen, das ist ihm dann nicht so gut bekommen!«

»Und was war mit der Strömung?«

»Was soll schon damit gewesen sein? So ein Zeitungsmensch hatte das Gerücht in die Welt gesetzt, weil er eine gute Schlagzeile brauchte, das war alles. Unter normalen Umständen muss sich ein Erwachsener schon gewaltig anstrengen, um an dieser Stelle in der Wupper den Tod zu finden.«

»Also auch wenn seine Frau ihn, mal angenommen, ins Wasser geschubst hat, müssten wir ihn finden?"

»Ich glaube nicht, dass die Hochstätter ihren Mann in die Wupper befördert und ersäuft hat. Allein der Gedanke wäre schon der absolute Schwachsinn, so niedrig wie der Wasserstand gerade ist. Da hätte sie den Kerl gleichzeitig erschlagen müssen. Die Gute war zwar etwas durch den Wind, aber so einen männermordenden Eindruck hat sie auf mich nun wieder nicht gemacht.«

»Aber wo ist er dann abgeblieben? Zigaretten holen in Amerika?«, Schäfer machte Anstalten, aus dem Wagen zu steigen.

»Kann durchaus sein, da hat es schon mehrere Kerle gegeben, die den Anschein erweckt haben, ihnen wäre etwas zugestoßen. In Wirklichkeit lagen die schon längst am Strand von Malibu und genossen das schöne Leben. Jede Wette: Der Typ hat sich abgesetzt!«, murmelte Blombach, stieg nun ebenfalls aus dem Wagen aus und schlug geräuschvoll die Autotür hinter sich zu. »Lassen wir uns überraschen, was das noch gibt!«

Emelie hatte sich gerade auf das Sofa gelegt, um ein wenig Schlaf nachzuholen, als sie durch die weinerliche Stimme von Oma Wiemüller geweckt wurde, die klagend durch das offene Fenster drang.

Was mochte denn jetzt schon wieder los sein! Neugierig stand Emelie auf und spähte auf die Straße. Mit wem die alte Frau sprach konnte sie nicht erkennen, dafür wusste sie aber ziemlich schnell Bescheid, worum es in dem Gespräch ging.

Am frühen Morgen war offensichtlich Herbert, der Dackel von Oma Wiemüller, ausgebüxt und seither spurlos verschwunden.

Wunderbar, dachte Emelie, wenn das Vieh verschwunden ist, dann kann er mir wenigstens nicht mehr in den Garten machen. Unzählige Male hatte sie sich darüber schon geärgert und immer hatte sie die Antwort bekommen, dass der Herbert das nicht gewesen sein könne.

»Mein Hund setzt keinen Schritt auf fremden Grund und Boden«, hatte die Wiemüller jedes Mal gekeift und Emelie hatte den Übeltäter leider nie auf frischer Tat ertappen können, um das Gegenteil zu beweisen. Nun war er also weg – hervorragend!

Als Friedel Wiemüller die Polizeiwache verließ, war ihr schlecht vor Aufregung. Das Herz schlug ihr bis zum Hals und ausnahmsweise hatte sie keine Lust, irgendwo noch ein Schwätzchen zu halten. Eigentlich war sie nur auf die Wache gegangen, um sich mit etwas Kuchen bei den Beamten zu bedanken, die ihren Herbert vor dem Haus einer läufigen Hundedame entdeckt, wieder eingefangen und ihr wohlbehalten nach Hause zurückgebracht hatten. Inzwischen bereute sie ihren Entschluss sehr. Männer kamen doch manchmal auf sehr sonderbare Einfälle!

Tausend Gedanken gingen ihr durch den Kopf. Je näher sie ihrer Wohnung kam, um so mehr hoffte sie, dass Emelie Hochstätter ihr nicht begegnen möge. Ihre Anspannung ließ erst etwas nach, als sie ihre Wohnungstür endlich hinter sich verschlossen hatte.

Herbert kam verschlafen herbeigeeilt und begrüßte sie schwanzwedelnd. Sie strich ihm sanft über den Kopf.

»Du bist ein guter Hund«, sagte sie und ihre Stimme klang müde, »aber du hast mich in eine schlimme Situation gebracht!«

»Ja, wenn ich es Ihnen doch sage! Morgen wird der Herbert abgeholt und dann werden sie ihn als Polizeihund einsetzen, bestimmt!«, die aufgeregte Stimme von Oma Wiemüller ging heute besonders laut durch Mark und Bein.

Emelie, die gerade in der Küche stand und Kaffee aufbrühte, zuckte bei dem Wort »Polizei« merklich zusammen. Was wollte die Polizei mit dem Hund von der Wiemüller, der, sehr zu ihrem Leidwesen, nun doch recht schnell wieder aufgetaucht war. Rasch eilte sie ans Wohnzimmerfenster um nichts von dem Gespräch zu verpassen.

»Das ist aber interessant. Wobei soll er der Polizei denn helfen?«, fragte Annemie Pieper neugierig. Sie war eine langjährige Bekannte von Oma Wiemüller, stand gerade vor ihrem Fenster und die beiden alten Damen schrien sich in einer Lautstärke an, die Tote erweckt hätte.

»Der Herbert ist mir doch weggelaufen und als die Polizisten ihn fanden, da hatte er so einen Stofffetzen im Maul. Jetzt raten sie mal, was die Beamten vermuten«, die Wiemüller machte eine bedeutungsvolle Pause und schaute verstohlen zur anderen Straßenseite hinüber. Dort bewegten sich fast unmerklich die Vorhänge.

»Nun sagen Sie schon …«, das Gesicht der Pieper färbte sich vor Aufregung mit roten Flecken.

»Das Stück Stoff, das der Herbert gefunden hat«, die Stimme der Wiemüller wurde immer lauter, »das ist vermutlich von der Kleidung des Herrn Hochstätter.«

»Unglaublich!«, die Pieper rieb sich unauffällig ihr rechtes Ohr. Interessant war das ja schon, aber warum brüllte die Wiemüller jetzt noch lauter, sie war doch nicht taub!

»Ja, und nun will die Polizei mit Hilfe vom Herbert der Sache auf die Spur kommen. Da muss doch noch der Rest der Kleidung irgendwo sein!«, rief Oma Wiemüller. Hingebungsvoll streichelte sie dabei den neben ihr auf der Fensterbank hockenden Herbert.

Oh, nein! Emelie hielt sich entsetzt die Hand vor den Mund, um nicht laut aufzuschreien. Dieser Hund würde alles zunichtemachen! Dieses Tier hatte den Geruch von Walter wahrgenommen und im Gebüsch gebuddelt, anders war es nicht möglich.

Verzweifelt ließ Emelie sich auf einen Stuhl fallen. Sie musste so schnell wie möglich nachsehen, was der Dackel angestellt hatte, bevor es zu spät war. Morgen würde man den Hund nach weiteren Kleidungsstücken suchen lassen, hatte die Wiemüller gesagt, also würde sie sofort bei Einbruch der Dunkelheit handeln müssen.

Mein Gott, dachte Emelie, womöglich muss ich die Leiche wieder ausgraben und dort wegbringen, das schaffe ich nie. Ihr wurde ganz schwarz vor Augen.

Die Stunden bis zum Einsetzen der Dunkelheit zogen sich wie Kaugummi hin. Endlich war es so weit und Emelie konnte sich auf den Weg machen. Hektisch eilte sie an der Außenseite der Mauer entlang bis zu der Stelle, wo die Büsche anfingen. Die Taschenlampe hatte sie sicherheitshalber noch nicht eingeschaltet.
Sie zuckte zusammen.

War da nicht ein Geräusch?

Angestrengt lauschte Emilie in die Dunkelheit. Wahrscheinlich war es nur ein Tier. Vorsichtig, damit die Zweige nicht verräterisch abknickten, bahnte sie sich ihren Weg durch das Dickicht. Erst jetzt schaltete sie die Lampe ein.

Verwundert leuchtete sie wieder und wieder den Boden ab. Da war nichts zu sehen, es war alles in Ordnung! Ihr fiel ein wahrer Felsbrocken vom Herzen. Wer weiß, was der Dackel für einen Stofffetzen angeschleppt hatte, von Walters Kleidung war er jedenfalls nicht! Erleichtert knipste Emelie die Taschenlampe aus und krabbelte wieder aus dem Gebüsch hervor. Ein langes, schwarzes Teil schnellte ihr entgegen und griff derb nach ihrem Arm.

»Da hatte ich mal wieder recht!«, sagte eine dunkle Männerstimme triumphierend und Emelies Augen wurden von einem grellen Scheinwerferlicht geblendet.

Emelie wollte schreien, doch sie brachte keinen Ton hervor. Erst jetzt konnte sie sehen, wer ihren Arm ergriffen hatte. Ein zweiter Mann war auch noch anwesend. Sie erkannte die beiden Polizeibeamten sofort wieder.

»OK, das hätten wir!«, sagte Karl Blombach und klopfte seinem Kollegen Schäfer anerkennend auf die Schulter. »Dein Plan war etwas seltsam, aber vermutlich sehr erfolgreich. Wir werden sehen, was wir in diesem Gebüsch vorfinden!«

Emelies Herz verkrampfte sich. Dunkle Punkte tanzten wild vor ihren Augen.

»Dieser Hund hat überhaupt keine Kleidungsfetzen gefunden, sie haben mich reingelegt?«, stotterte Emelie fassungslos und sie wusste schon im gleichen Moment selber die Antwort auf ihre Frage.

»So ist es, das haben sie völlig richtig erkannt!«, sagte Schäfer mit einem leicht ironischen Unterton und knuffte Blombach kameradschaftlich in die Seite.

»Schon mal was von einem Polizeidackel gehört?«, feixte Blombach und beide Männer konnten sich nur mühsam das Lachen verkneifen.

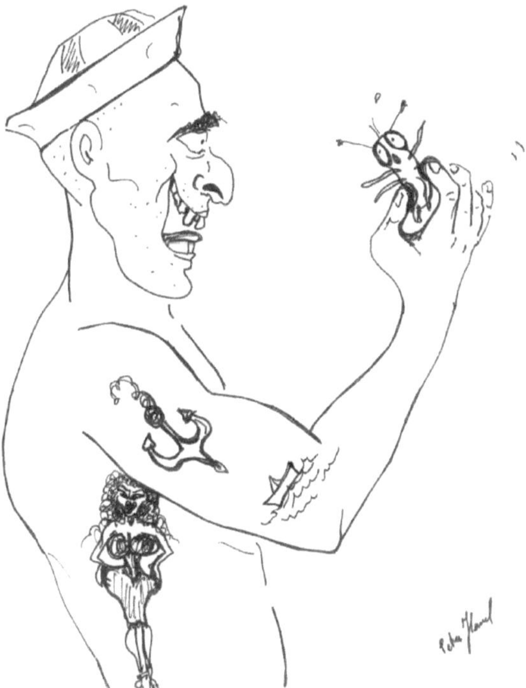

Von einem der auszog, die Welt zu finden

Auf Trienes Haupthaar hockt verzagt,
ein Floh, den tiefe Sehnsucht plagt.
Die Biene sagt: »Die Welt ist schön!«,
doch er hat sie noch nie geseh'n.
»Und Glück«, summt sie, »liegt immer dort,
wo man grad' nicht ist, sprich, weit fort!«
Danach fliegt sie dann fröhlich weiter,
doch stimmt den Floh das nicht sehr heiter.

Wo mag die »schöne Welt« wohl sein,
denkt er und fühlt sich ziemlich klein.
Wie soll ich denn die Welt er je finden,
mit einer Triene aus Graubünden?
Die liegt den ganzen Tag im Bett,
schaut Fern und findet faul sein nett.
Auf diese Weise kann's nichts werden,
die Welt zu finden hier auf Erden.

Und um das Glück nicht zu verschenken,
will er sein Schicksal selber lenken.
Zu lange sitzt er hier schon fest,
in diesem ach so kleinen Nest.
Hier kennt er doch ein jedes Haar,
weil er bei jedem schon mal war,
und manches alte Mütterlein,
das suchte er schon mehrmals heim!

Der Floh beschließt, noch heut zu gehen
und sich auch nicht mehr umzusehen.
So schwer fällt ihm der Abschied nicht,
er sieht am End' des Tunnels Licht.
Kaum geht die Triene aus dem Haus,
da nutzt er schnell die Chance aus.
»Wer wagt gewinnt!«, ruft er und singt,
derweil er mutig abwärts springt.

Er schließt die Augen, lässt sich treiben,
möcht' immer in der Luft so bleiben,
doch landet er ganz sanft und flauschig,
auf etwas, das sehr warm und bauschig.
Er blinzelt und sieht ganz verschwommen,
jetzt ist er auf den Hund gekommen!
Vielleicht, denkt er, ist das ganz gut
und in ihm tobt der Übermut.

Bequemer kann's doch nicht mehr gehen,
als per Hund die Welt zu sehen!
Doch kaum kommt ihm das in den Sinn,
legt sich der Hund schon müde hin.
Da hilft kein hüpfen und kein kneifen
und auch kein noch so böses keifen,
der Hund frönt nun dem Mittagsschlafe,
das ist des Schicksals herbe Strafe.

Nach einer kurzen Wartezeit,
macht sich der Floh erneut bereit

und für drei Stunden geht es weiter,
auf einer Katze als Begleiter.
Der Floh hat nun den Bogen raus
und sucht sich schnelle Tiere aus.
Von Katz' zu Katz', von Hund zu Hund,
die Erde ist ja groß und rund!

Mit einer Amsel hat er Glück,
lässt Deutschland rasch im Flug zurück
und kommt dann, unversehrt und munter,
im heißen Spanien wieder runter.
Die Sonne brennt so feurig nieder,
da treibt es ihn gleich weiter wieder.
Er hört von fern das Meer laut tosen
und überquert es auf Matrosen.

Die Tage sind hier wunderbar,
er hüpft vom Kopf- zum Achselhaar
und auch der »Pelz« auf Brust und Rücken,
kann einen Floh hier echt verzücken.
Nur Leichtsinn und auch Übermut,
sind meistens nicht besonders gut:
Weil es den Seemann zwickt und zwackt,
er schnell den Übeltäter packt
und ohne lange noch zu fragen,
geht es dem Tierchen an den Kragen.

So nahm die Seefahrt dann ein Ende,
durch große raue Männerhände!

Glück passt in eine kleine Tüte

Griesgrämig schaut Opa Josef aus dem Fenster. Der Himmel ist strahlend blau. In der warmen Frühlingssonne spielen die Nachbarskinder auf dem Bürgersteig mit einem Springseil. Ihr helles Lachen ist sogar durch das geschlossene Fenster zu hören.

»Kaum scheint die Sonne ein paar Minuten, schon hat man wieder das Geschrei der Gören vor der Tür«, schimpft Josef, während er sich vom Fenster wegdreht und in die Küche schlurfft.

Oma Finchen sitzt am Tisch und schält Kartoffeln.

»Schneide nicht wieder so große Stücke«, knurrt Josef, hält die Hand stöhnend auf seinen Rücken und lässt sich auf den Stuhl fallen.

»Das Essen ist erst in einer Stunde fertig«, sagt Finchen. »Du kannst vorher noch einen kleinen Spaziergang zum Bäcker machen. Wir haben kein Brot mehr.«

Josef schüttelt den Kopf.

»Es ist viel zu warm draußen. In dieser Bullenhitze werde ich bestimmt nicht zum Bäcker laufen. Das grelle Sonnenlicht schmerzt richtig in den Augen.«

Erstaunt dreht Finchen sich zu ihm herum.

»In der Sonne spielen die Kinder und freuen sich über diesen schönen Frühlingstag, da wirst du doch wohl in der Lage sein, ein paar Meter zum Bäcker zu laufen. Setz die Sonnenbrille auf und wenn es dir zu warm ist, dann zieh deine Jacke halt aus«, sagt Finchen.

»Mit der Sonnenbrille wird alles so stark verdunkelt und wenn ich die Jacke ausziehe, ist es mir am Rücken kalt. Wenn ich deine Ratschläge befolgen würde, läge ich schon im Grab«, murrt Josef.

»Aber sicher«, Oma Finchen schmunzelt ein wenig. »Und wenn ich dich nicht erfrieren oder in der Bullenhitze verschmoren lasse, dann töte ich dich später mit zu großen Kartoffelstückchen, die dir dann im Halse stecken bleiben.«

»Das ist nicht witzig«, Josef knöpft seine Strickjacke bis zum Hals zu. „Ich bin ohnehin schon krank genug, da brauche ich deinen Spott wirklich nicht.«

»Du bist nicht krank, du willst krank sein«, korrigiert Oma Finchen ihn. »Das sieht selbst der Doktor Ebelt so. Zu mir hat er gesagt, du bist pupsgesund, aber nur dann glücklich, wenn du wieder neue Krankheiten erfunden hast und leiden kannst.«

»So ein dummes Geschwätz habe ich gerne. Der hat doch keine Ahnung, der alte Quacksalber. Ich muss dem ständig sagen, welche Krankheiten ich habe und welche Medikamente ich brauche, sonst wird das alles nichts. Da habe ich mehr auf dem Kasten als der!«

»Und warum rennst du dann alle paar Tage zu ihm hin?«

»Lass mich doch in Ruhe. Mit dir kann ich mich nicht vernünftig unterhalten, da laufe ich lieber zum Bäcker.«

Laut stöhnend erhebt Josef sich von seinem Stuhl.

»Na bitte«, witzelt Finchen. »Es geht also doch. Warum nicht gleich so?«

»Wenn ich nur glücklich bin, wenn ich krank bin, dann bist du nur glücklich, wenn du mich herumkommandieren kannst«, mault Josef und schnappt sich die Einkaufstasche. »Und die Gören draußen sind glücklich, wenn sie jede Menge Lärm machen und mir damit den letzten Nerv rauben können.«

Finchen drückt ihm einen Geldschein in die Hand.

»Ich glaube, die Kinder sind glücklich, wenn sie dich weder sehen noch hören. Mit deiner permanent schlechten Laune kannst du jedem Lebewesen den Tag vermiesen. Selbst der Nachbarhund begrüßt mich freundlich, wenn du nicht bei mir bist. Von dir ist der Hund bislang noch nicht einmal gestreichelt worden.«

»Das würde ich mir auch verbitten, dass der mich mit seinem Schlabbermaul einsabbert. Womöglich habe ich dann noch Flöhe anschließend. Ist doch widerlich. Wieso Tiere einen Menschen glücklich machen sollen ist mir ein Rätsel.«

»Das wird dir auch immer ein Rätsel bleiben, wenn du jeden Kontakt sofort ablehnst. Der Hund hat so ein schönes und weiches Fell, streichel ihn einfach mal, er wird dich schon nicht fressen.«

»Natürlich! Ich gehe jetzt zum Bäcker, spiele aber vorher noch mit den Gören Seilhüpfen und hole mir anschließend Flöhe beim Hund kraulen. Und wenn ich dabei dann noch in einen Hundehaufen trete oder mir ein alter Lutscher von den Kindern unter den Schuhen kleben bleibt, dann bringt mir das für den Rest des Tages richtig viel Glück, oder was willst du mir noch erzählen?«

»Genau. Und noch mehr Glück bringt es dir, wenn ein Schornsteinfeger deinen Weg kreuzt, du ihn anfasst und ihm über die Schulter spuckst, auf dem weiteren Weg vielleicht noch eine Centmünze findest und auf deiner linken Seite auch noch eine Schafherde weidet«, witzelt Finchen.

»Und dir bringt es vermutlich Glück, wenn ich jetzt gehe und dich alleine lasse«, brummt Josef und verlässt geräuschvoll das Haus.

Finchen geht ans Fenster und sieht ihm schmunzelnd hinterher. Die Kinder haben ihr Springseil bei Seite gelegt und spielen mit nun mit einem bunten Ball. Fast alle Kinder halten ängstlich inne, als Josef mit grimmiger Miene an ihnen vorbeistapft – nur ein Kind hat ihn zu spät bemerkt. Der kleine Ben tritt gerade noch einmal kräftig vor dem bunten Ball und dieser fliegt hoch durch die Luft, direkt auf Josef zu. Auwei! Das Kind ist vor Schreck wie erstarrt und selbst Finchen hält die Luft an.

Doch plötzlich passiert das Unfassbare:

Anstatt zur Seite zu gehen, läuft Josef dem Ball einige Schritte entgegen. Gekonnt fängt er den Ball mit seinem Fuß ab, balanciert ihn auf seinem Schuh, dribbelt ihn übermütig hin und her und schießt den Ball dann lachend zu dem kleinen Ben zurück.

»Da staunt ihr, was?«, hört Finchen ihren Josef prahlen und die ganze Kinderschar löst sich aus ihrer Schockstarre und lacht mit ihm.

»Ja, gibt es denn sowas«, murmelt Finchen glücklich und sie ist richtig stolz auf ihren Josef. Womöglich streichelt er irgendwann sogar den Nachbarhund – Wunder scheinen doch noch möglich zu sein!

Als Josef mit der Tüte vom Bäcker wieder nach Hause kommt, sitzt Finchen vor dem Haus auf der kleinen Holzbank in der Sonne. Josef setzt sich zu ihr und reicht ihr die Tüte mit dem Brot.

»Ich habe noch etwas mitgebracht«, sagt er mit einem Augenzwinkern. Er strahlt über das ganze Gesicht. Aus seiner Jackentasche zieht er eine kleine Papiertüte hervor.

»Schau mal, Finchen«, er greift in die Tüte, zaubert mit einem fröhlichen »Simsalabim« einen kleinen roten Kirsch-Lutscher hervor und überreicht ihn galant seinem Finchen. Auch er nimmt sich einen Kirsch-Lutscher aus der Tüte.

»Erinnerst du dich noch an früher? Da waren wir so glücklich, wenn die Großmutter uns heimlich einige Pfennige in die Hand gesteckt hat. Wir sind dann zum Büdchen gelaufen und haben uns für das Geld eine kleine Tüte mit eben diesen süßen Kirsch-Lutschern gekauft. Ich wusste nicht, dass es die noch gibt«, begeistert sich Josef.

»Ja, ich erinnere mich gut«, schwärmt Finchen, während sie genüsslich an dem Kirsch-Lutscher schlockt. »Was hatten wir damals nicht alles für Pläne und Wünsche.«

Josef lacht. »Wir wollten reich sein und die ganze Welt bereisen, eine große Villa in Spanien wollten wir haben und ein rotes Cabriolet fahren. In ferne Länder reisen war damals unser höchstes Glück.«

»Glück ist eben für jeden Menschen und zu jeder Zeit etwas anderes«, sagt Finchen. »Es kann Glück sein viel Geld zu haben, teure Autos zu fahren, echten Schmuck zu tragen, berühmt zu sein, einen bedeutenden Beruf zu haben, gesund zu sein, eine heiße Tasse Tee zu trinken, eine warme Suppe zu löffeln, gute Musik zu hören und noch vieles mehr. Und manchmal«, sagt sie weise, greift zärtlich nach Josefs Hand, hält sie liebevoll fest und drückt sie leicht, »manchmal ist das große Glück nicht viel mehr als ein süßer Kirsch-Lutscher und es passt in eine ganz kleine Tüte!«

Lecker essen

Sie kochte für ihr Leben gern
und kaufte dafür reichlich ein,
nur an dem Fleisch, da sparte sie
und nahm stattdessen teuren Wein.

Sie stand zu Haus vor ihrem Herd,
doch Fleisch als Braten fehlte ihr,
dafür kam aber Gerd vorbei –
dem gab sie gerne reichlich Bier.

Er sah vergnügt bei Kochen zu
und sprach: »Die Soße riecht unglaublich fein,
doch irgendwie fehlt noch das Fleisch …«
Sie sprach: »Das geb ich später rein!«

Er trank noch Wodka ohne Ende
und torkelte ins Badezimmer,
sie ging recht zügig hinterher –
doch rausgeh'n sah man Gerd dort nimmer.

Sie kehrte an den Herd zurück
und hatte plötzlich Fleisch als Braten,
woher das kam – man weiß es nicht,
sie selber wird es nie verraten.

Die Gäste waren voll des Lobes,
der Braten mundete doch sehr,
der Appetit war kaum zu bremsen
und jeder nahm noch ein Stück mehr.

»Wie schade«, sagte Klaus beim Abschied,
»ich habe Gerd heut' echt vermisst –
ich nehme an, dass ihm ganz plötzlich
was andres widerfahren ist.«

Die Spinne

Die Spinne ist ein Wundertier,
sie spinnt mal dort, sie spinnt mal hier,
sie spinnt die Netze groß und klein,
sie spinnt so manche Fliege ein.

Sie spinnt bei Tag, sie spinnt bei Nacht,
sie spinnt im Morgenrot –
doch plötzlich kommt ein Mensch daher
und schlägt die Spinne tot!

Feingesponnene Erinnerungen

Es war für Anna immer ein besonderer Augenblick, wenn sie, so wie heute, die knarrenden Holztreppen zum Dachboden hochschritt.

Schwerfällig und heftig keuchend zog sie sich mit verkrampften Fingern an dem alten Holzgelände hoch, das die Stufen zur linken Seite als Handlauf begleitete. Nein, es war eigentlich auch schon lange kein »hochschreiten« mehr, dachte sie wehmütig. Noch vor zehn Jahren war ihr dieser Weg erheblich leichter gefallen. Es hatte sich vieles verändert.

Damals lebte Josef noch. Er war immer ihr Fels in der Brandung gewesen. Sie kannten sich seit Schultagen, hatten sich als Teenager ineinander verliebt und später geheiratet. Es hatte viele Höhen und Tiefen gegeben, aber ihr höchstes Glück war die Geburt ihres Sohnes Robert. Nur durch ihn hatten sie selbst in schweren Zeiten immer wieder zueinander gefunden. Keiner von ihnen hätte dem Kind sagen mögen, dass die Eltern sich scheiden lassen. Ein Blick in das gutgläubige, blind vertrauende Kindergesicht mit den großen blauen Augen hatte alle Wunden, die man sich gegenseitig zugefügt hatte, wieder verheilen lassen – manchmal nicht ganz ohne bleibende Narben, aber es ging immer wieder weiter.

Anna hatte die Tränen in den Augen stehen, als sie die Dachbodentür quietschend öffnete. Es kam ihr so vor, als ob selbst die Tür vor Schmerz schreien würde. Durch viele feingesponnene Spinnweben suchten sich die hellen Sonnenstrahlen, die noch durch das fast blinde, schräge Dachfenster fielen, ihren Weg in ein Leben – in ihr Leben!

Hier lag ihre ganze Vergangenheit, teilweise in Kisten und Koffern verpackt, teilweise umhüllt von Plastikbeuteln, die in diversen Regalen untergebracht waren. Fast jedes Teil wurde von Spinnweben eingehüllt. Wie ein Schutzmantel, so sorgfältig und liebevoll gewebt, dachte Anna, als sie sich auf eine alte, schwere Holztruhe setzte und sehr vorsichtig ihre Hand nach einem Fotoalbum ausstreckte. Auf keinen Fall wollte sie dieses feine und fragile Spinnen-Kunstwerk zerstören, das sich dicht an ihrem Arm befand. Das würde ohnehin bald geschehen, aber nicht durch ihre Hände!

Der Anblick der teilweise vergilbten Fotos weckte Erinnerungen. Zunächst lächelte sie oft, während sie die Bilder genau betrachtete, aber je länger sie in dem Album blätterte, umso trauriger wurde sie. Wann genau mochte es geschehen sein, dass ihr über alles geliebtes Kind, ihr Robert, ihnen plötzlich viel fremder geworden war, als es jemals ein Fremder hätte sein können. Sie wusste es nicht. Sie wusste nicht wann, warum und wieso. Aber es tat weh. Es schmerzte noch viel mehr, als ihre müden Knochen beim Treppensteigen.

Wie oft hatte sie sich in all den Jahren, manchmal von Sorgen und Zweifeln überrollt, auf den Dachboden geflüchtet, heimlich geweint und dennoch immer gehofft und gebetet, dass alles gut enden würde. Jedes Mal, wenn sie die Dachbodentür nach wenigen Minuten, manchmal auch erst nach einigen Stunden, wieder hinter sich geschlossen hatte, waren in ihrem Herzen wieder Friede, Zuversicht und Hoffnung zurückgekehrt. Nicht alles wurde wieder gut, vieles war aber anschließend leichter zu ertragen und manchmal eröffneten sich völlig unerwartet ganz neue Möglichkeiten.

Sogar als Josefs Herz plötzlich versagte und er von einer Sekunde zur anderen von ihr ging, gab ihr der Dachboden Trost und Halt.

Robert war selbst zur Beerdigung seines Vaters nicht erschienen. Er hatte eine wichtige berufliche Besprechung, die er nicht verschieben konnte, sagte er. Sie konnte es nicht verstehen, wie so vieles nicht. Es war ihr inzwischen auch egal. Er war eben ein fremder Mensch geworden. Sie kannte sein Leben nicht und sie kannte ihn nicht – nicht mehr. Der Schmerz darüber war irgendwann nur noch dumpf zu spüren, nicht mehr so stechend und bohrend wie zu Anfang der Veränderung.

Und jetzt?

Tränen liefen ihr über das Gesicht.

Ohne es zu wollten und zu bemerken zerstörte sie das feine und zarte Kunstwerk der kleinen Spinne, als sie den Arm hob, das Album zurücklegte und mit ihrer Hand über ihre Augen wischte.

Zeit zum Abschied – Zeit zu gehen.

Bald würden die Leute kommen, die ihr Leben auf den Müll warfen. Menschen, die alles zerstörten und vernichteten, ohne überhaupt zu wissen, welchen Schaden sie anrichteten, wie viel Arbeit, Gefühl und Leben in den Dingen steckte, die sie mit rauen Handschuhen anfassten und achtlos in einen Container warfen.

Robert hatte diese Menschen bestellt.

Ohne sie zu fragen.

Robert hatte alles gemanagt.

Ohne sie zu fragen.

Robert hatte für sie einen Platz in einem Altersheim organisiert.

Ohne sie zu fragen.

Als Anna sich von der Truhe erhob, fiel ihr Blick auf das Spinnennetz. Es war nicht mehr da! Dort, wo es vor wenigen Minuten noch zart und von Sonnenstrahlen durchwebt einige Teile ihres Lebens miteinander verbunden hatte, klaffte nun ein großes Loch. Vereinzelte Fäden hingen als Überreste zwischen dem Regal und der Holztruhe.

Traurig sah Anna auf ihren Arm. An ihrem Ärmel hing das, was sie achtlos und unbemerkt zerstört hatte, als sie nur mit sich selber beschäftigt war. Vielleicht war sie auch nicht anders als Robert. Nun hatte sie einem anderen Lebewesen alles genommen, seine Lebensgrundlage, sein Zuhause!

Erstaunt bemerkte sie, dass die kleine Spinne schon wieder herbeigeeilt war. Emsig und voller Tatendrang war das Tierchen damit beschäftigt, ihr Netz sofort erneut herzurichten.

»Du lässt dich wohl nicht unterkriegen«, sagte Anna laut und lächelte. Sie überlegte kurz. »Ich mich auch nicht!«, sagte sie plötzlich mit fester Stimme und neuem Lebensmut. »Was du schaffst, schaffe ich auch – das wäre doch gelacht!«

Noch war nichts endgültig entschieden, noch fehlten unter allen wichtigen Dokumenten ihre Unterschriften, noch war es nicht zu spät – und das war verdammt gut so!

Als Anna energisch und kraftvoll die Tür des Dachbodens hinter sich ins Schloss zog, wusste sie genau, dass sie dies nicht zum letzten Mal tun würde!

Mann im Graben

Sie ging sehr oft des Abends aus,
besuchte gern Konzerte.
Sie kam dann immer spät nach Haus,
meist nüchtern – was sie ehrte.

Der Heimweg war nicht ungefährlich,
denn meistens ging sie ihn allein.
Laternen leuchteten nur spärlich,
im Notfall hörte sie kein Schwein.

Sie trug sehr gern ein kleines Messer,
dezent am Körper dann versteckt,
doch die Pistole war noch besser,
damit ein Unhold gleich verreckt.

Sie fand, man muss sich vorbereiten,
auf einen bösen Überfall,
es ist dann leichter einzuschreiten,
mit einem Schuss und kurzem Knall.

So nahm das Schicksal seinen Lauf,
in einer sternenklaren Nacht.
Es lauerte ihr jemand auf,
doch es hat ihr nichts ausgemacht.

Die Waffe lag gut in der Hand,
geladen und auch schussbereit,
den Täter hat sie nicht gekannt,
das blieb auch so für alle Zeit.

Derweil er an der Tasche zerrte,
da zielte sie mit viel Bedacht –
und eh er sich noch richtig wehrte,
da fiel ein Schuss in dunkler Nacht.

Sie rollte ihn noch kurzerhand
in einen tiefen Graben,
dass seine Leiche dort verschwand,
das sahen nur die Raben.

Sie war eine recht taffe Frau
und sie war sehr gerissen,
die Analyse war genau:
»Den wird niemand vermissen!«

Schwein braucht der Mensch

Sie kam allmählich in die Jahre,
das spürte sie sehr deutlich nun,
im Spiegel sah sie graue Haare
und dachte sich: Was soll ich tun?

Einen Mann hatte sie nie vermisst,
sie kam alleine sehr gut klar,
doch nun, da war ihr Leben trist,
sie fand das selbst sehr sonderbar.

So dann und wann da dachte sie,
ein Mann im Haus wär jetzt ganz nett,
am besten gleich, sonst klappt es nie –
ich such mir rasch 'nen Typ für's Bett!

Sie las fortan die Inserate
zum Frauenthema »Er sucht Sie«,
sie schrieb den Herren manche Karte,
doch eine Antwort kam dann nie.

Durch einen Zufall traf sie Knut,
der war schon ziemlich lang allein,
im Bett war er nicht wirklich gut,
er schnaufte meistens wie ein Schwein.

So dauerte es nicht sehr lange,
bis er ihr überdrüssig war,
vor einer Zukunft wurd' ihr bange,
das sah sie bald schon sonnenklar.

Mit Frust im Bauch ging sie spazieren,
ihr Leben glitt ihr aus der Hand,
da sollte es spontan passieren,
dass sie ein Wildschweinjunges fand.

Verletzt lag dieses Tier im Grase
und keine Sau war weit und breit,
das Ferkel rieb sich seine Nase,
am ihrem weißen Sommerkleid.

Sie nahm das Ferkel mit nach Hause
und päppelte das Tierchen auf,
sie teilte mit ihm Bett und Brause –
bald nahm das Schicksal seinen Lauf.

Knut tobte oft, fast wie von Sinnen,
was diese Schweinerei nun soll,
er sagte ihr, sie würde spinnen,
er hätt' von ihr die Schnauze voll.

Sie brauchte nicht lang überlegen,
Knut wurd' entsorgt, das ging sehr schnell.
Das Schwein, es lässt sich zärtlich pflegen,
die Borsten glänzen – fast wie Fell!

Und Eberhard, so ist sein Name,
schläft glücklich neben ihr im Bett,
und sie, als echte »Schweinedame«,
findet sogar sein Schnaufen nett!

Zwei Kuratorinnen - Kunst ist, was gefällt

In einem Kunstmuseum,
man kann es bedeutend nennen,
treffen sich zwei Kuratorinnen,
die sich seit langer Zeit kennen.
Die beiden Damen,
Frau Hübsch und Frau Schön,
haben sich eine Weile nicht mehr geseh'n.
Ein kleines Schwätzchen, in allen Ehren,
das kann man den Ladys nicht verwehren.
Vielleicht, dass beim Belauschen ein Wunder geschieht
und so mancher die Kunst mit anderen
Augen ansieht ...

Annemie Schön: »Stell dir vor, es kam ein Besucher ins Haus,
solche Leute schmiss man vor Jahren noch raus.
Mit seinen Fingern betatschte er Bild für Bild ...«

Bella Hübsch: »Oh mein Gott, da würde ich zur Furie und absolut wild.
Ich hoffe, du hast ihn direkt rausgeschmissen
und ihm vorher die Finger noch abgebissen!«

Annemie Schön: »Ich wusste nicht, wo er vorher seine Finger schon hatte,

deshalb stand das nicht unbedingt
zur Debatte,
aber ich griff sofort nach der
scharfen_Machete
und dachte mir still:
Schlipsträger bete!«

Bella Hübsch: »Recht so, du hast ihn mit der
Machete entmannt ...«

Annemie Schön: »Nicht direkt,
er ist quasi hineingerannt.
Wie unachtsam –
ich wollt ihn noch rügen,
doch er verstarb nach einigen
Atemzügen.«

Bella Hübsch: »Ach, die Kerle sind so gerissen,
wenn es kritisch wird, denken
die nur ans verpissen!«

Annemie Schön: »Wegen dem musste ich putzen –
stundenlang,
aber dann war der Raum wieder
blitzeblank.
Ich schleppte den Kerl aus dem
Museum raus,
zu später Stunde war ich alleine
im Haus.
Mich hat keiner gesehen oder
gehört,
die Aktion verlief total ungestört.
Dann habe ich auf den Rat
meiner Oma gehört,

die stets sagte: Der Mensch wird in
der Sauna gedörrt!
Meine Sauna im Haus war dazu
wie geschaffen,
weil dort keine Menschen sitzen
und gaffen.
Ich heizte das Ding so hoch es
nur ging,
derweil der Typ dort drinnen am
Haken hing.«

Bella Hübsch: »Nun sag nur – das ist wirklich gut
gegangen?«

Annemie Schön: »Na klar, der Kerl war perfekt
abgehangen!
Danach habe ich ihn mit Folie
umhüllt
und auf Zimmertemperatur
langsam abgekühlt.
Dazu trank ich Champagner und ich
hatte einen Schwips,
später umhüllte ich ihn kunstvoll
mit Beton und Gips.
Du findest das womöglich schräg
und verrückt,
doch das Kunstwerk ist mir
fantastisch geglückt.
Eine Dame aus Herne bot mir Geld,
sogar einen Haufen,
doch dieses Objekt werde ich nie-
mals verkaufen.«

Bella Hübsch: »Ich verstehe, du willst auf ihn
nicht mehr verzichten,
nun möchte ich dir auch etwas
Tolles berichten:
Mir erging es wahrlich ganz ähnlich
neulich,
ein Museumsbesucher war echt
abscheulich.
Es war sein Schicksal, er lief in
ein Schwert
und wurde unschön dadurch ver-
sehrt.
Er verstarb sehr schnell, ich konnte
nichts machen,
ich dachte auch an Beton – und an
ähnliche Sachen.
Der Einfachheit halber wurde er
zum Hocker,
die eckige Form gelang mir ganz
locker.
Den Betonkorpus hüllte ich in
Stoffbahnen ein,
die Sitzfläche bezog ich mit Samt –
wirklich fein!«

Annemie Schön: »Meine Liebe, du bist wirklich
phänomenal,
dein Einfall ist kreativ und
unsäglich genial,
doch ich hätte spontan eine Bitte an
dich,

denn ein einziger Hocker scheint zu wenig, finde ich ...
Ich würde dir gerne meinen Mann übergeben,
er verschied gestern plötzlich aus dem Leben.
Gekrümmt und mit Krämpfen ist er verstorben,
womöglich war eine Fett-Ecke stark verdorben.«

Bella Hübsch: »Das passt richtig gut, dann werde ich morgen
meinen Angetrauten gleich mit entsorgen.
Die Sache liegt mir schon lange am Herzen,
er muss endlich weg –
mit oder ohne Schmerzen.«

Annemie Schön: »Drei Hocker sehen auch optisch gut aus,
zur Ausstellung kommen zahlreiche Besucher ins Haus.«

Bella Hübsch: »Gerade ältere Menschen
können nicht so lange stehen,
die freuen sich sehr, wenn sie Hocker sehen.
Und macht in Zukunft ein Kerl wieder Stunk,
dann gibt es eine Sitzgruppenerweiterung ...!«

Die Kuratorinnen umarmten sich
beim auseinandergehen
und freuten sich auf ein baldiges
Wiedersehen,
denn Kunst macht gute Laune,
deshalb kann man verstehen,
dass so viele Menschen ins Museum gehen.

Dorftratsch

Er schaute durch sein Küchenfenster auf die Straße hinaus. Sie war menschenleer. Der Nieselregen ließ ihn erschauern, obgleich er im Warmen stand. Er war ein einsamer alter Mann geworden seit Ruth nicht mehr da war.

Der kleine Vorgarten vor dem verwahrlosten Häuschen war von Unkraut überwuchert. Es kümmerte ihn nicht, es war sogar gut so. Der Anblick von Blumen schmerzte ihn – immer noch und immer wieder.

Er sah Ruth vor sich, wie sie die Stube mit kleinen, bunten Sträußen dekorierte, hörte, wie sie fröhlich ein Lied summte und sah ihr Lächeln auf dem Gesicht. Die Zeit heilte doch nicht alle Wunden. Sie ließ auch nicht vergessen – ihn jedenfalls nicht.

In den letzten drei Jahren hatte sich sein Leben drastisch verändert. Früher waren Ruth und er gern gesehene Gäste bei Freunden und Nachbarn gewesen. Er hatte bei Geburtstagsfeiern mit seinem Akkordeon zum Tanz aufgespielt und für ausgelassene Stimmung gesorgt.

Ruths plötzlicher Tod hatte nicht nur sein Musikinstrument verstummen lassen, sondern auch ihn. Die Menschen zogen sich langsam zurück und es war ihm nur recht so.

Wie gerne wäre er Ruth gefolgt, doch er war zu feige, den alles entscheidenden Schritt zu wagen. Vielleicht wache ich nicht mehr auf, wenn ich nur lange genug im Bett liegen bleibe, dachte er, aber die ersehnte Erlösung wollte sich nicht einstellen.

Irgendwann machte er es sich selbst zur Auflage, jeden Tag wenigstens einmal das Haus zu verlassen. Die alte Erziehung zwang ihn dann, sich ordentlich anzuziehen, das graue Haar sorgfältig zu kämmen und die spärlich nachwachsenden Bartstoppeln abzurasieren. Jeden Tag ging er einmal durch das Dorf, bis zu dem kleinen Büdchen, das genau am Ortsausgang lag und sogar am Sonntag geöffnet hatte. Dort kaufte er sich ein mit Käse belegtes Brötchen und eine Flasche Mineralwasser. Dieses Ritual half ihm, die Tage zu überstehen. Mit Franzi Ziegler, der Inhaberin, sprach er nicht viel. Sie hatte schon oft versucht, ihn auszuhorchen, doch er ließ sich auf kein längeres Gespräch ein. Dennoch war der Gesprächsverlauf nach der Begrüßung und seiner Bestellung fast immer identisch:

»Verstehen kann ich es wirklich nicht, Herr Ostfeld«, sagte Franzi ein über das andere Mal und schüttelte dazu immer auf die gleiche Art ihren Kopf.

»Warum holen sie denn das Mineralwasser nicht auch im Discounter, gleich eine ganze Kiste vielleicht, das ist doch preiswerter. Sie kaufen doch ihre ganzen anderen Lebensmittel immer im Discounter ein, Herr Ostfeld. Ja, ja, die Leute sehen alles und reden darüber. Wir wissen doch alle, was Sie immer so einkaufen, nicht wahr?«, setzte sie mit heuchlerischer Freundlichkeit oft hinzu und blinzelte ihn dann verschwörerisch an.

Harald, der nicht wusste, was und in welcher Weise im Dorf über ihn geredet wurde, konnte mit diesen merkwürdigen Andeutungen nichts anfangen.

Die Frau ist wie eine defekte Schallplatte, die einen Sprung hat und deshalb die gleiche Stelle wieder und wieder abspielt, dachte er sich dann, bezahlte, ohne ein Wort darauf zu erwidern und stapfte einsam nach Hause zurück.

Während er noch am Fenster stand, gingen ihm diese Bilder und Gedanken durch den Kopf und sie machten ihn wütend. Er war selber überrascht über diese Reaktion seines Körpers. Der Tag begann heute anders als sonst, das spürte er, aber es war nichts besser – im Gegenteil! Seine Gleichgültigkeit verwandelte sich urplötzlich in Zorn, als er an Franzi Ziegler dachte.

Wenn sie heute wieder so dumm daher redet, wird sie sich wundern, dachte er. Dann zog er sich an, um sein tägliches Einkaufs-Ritual abzuhalten.

Als er einige Minuten später das Haus verließ, hatte der Regen etwas nachgelassen und der Himmel hellte sich leicht auf. Seine Laune verbesserte sich dadurch aber nicht. Vielleicht lag es daran, dass er in der Nacht schlecht geschlafen hatte und ihm, vermutlich vom hin und her wälzen im Bett, alle Knochen weh taten. Noch langsamer als sonst ging er seinen täglichen Weg zum Büdchen von Franzi Ziegler.

»Ach, der Herr Ostfeld«, sagte Franzi laut, noch bevor er die letzten paar Meter zurückgelegt hatte.

Sie ignorierte seinen Gruß, stellte ihm direkt eine Flasche Wasser hin und fing an, das Käsebrötchen für ihn herzurichten.

»Woher wissen Sie, dass ich auch heute eine Flasche Wasser und ein Käsebrötchen bestellen möchte«, fragte Harald Ostfeld mit mürrischer Stimme nach.

»Mit Ihnen ist es doch immer das Gleiche«, blubberte Franzi vor sich hin. »Aber ich sage ja immer, warum nur kaufen sie sich Ihr Mineralwasser nicht im Discounter ein, wo sie doch sonst …«

»Kümmern Sie sich doch einfach nur um Ihren eigenen Scheiß«, unterbrach Harald sie barsch. Er war selbst erschrocken, dass er den Satz, den er bisher immer nur gedacht hatte, nun laut ausgesprochen hatte.

Stille. Man hätte eine Stecknadel fallen hören können.

Als Franzi ihren Schock überwunden hatte, prasselte ein wahres Feuerwerk an Beschimpfungen auf Harald nieder.

»Scheren Sie sich doch zum Teufel, Sie verklemmter Tattergreis«, schrie sie Harald mit hochrotem Kopf an und schnappte ihm gleichzeitig die Flasche Wasser wieder weg.

Wortlos drehte Harald sich um und ging langsam wieder nach Hause. Zum ersten Mal seit langer Zeit ohne das belegte Brötchen und die Flasche Wasser.

Es war ein komisches Gefühl. Sein tägliches Ritual war zerbrochen.

Was sollte nun werden?

Als Harald am nächsten Morgen aufwachte, wurde ihm direkt schmerzlich klar, dass er diesmal nicht zum Büdchen gehen würde. Er verspürte einen stechenden Schmerz in der Brust, der ihm fast den Atem nahm. Er griff nach seinen Herztropfen, die immer auf dem Nachtischschränkchen neben ihm standen.

Das Fläschchen war fast leer. Er hatte vergessen, rechtzeitig zum Arzt zu gehen und ein neues Rezept zu holen. Seine Hand griff zur Brust, als könne sie den Schmerz durch das bloße auflegen lindern. Mühsam setzte er sich auf, schwang seine Beine aus dem Bett und versuchte seine Schluffen anzuziehen, während er gleichzeitig aufstand. Später erinnerte er sich nur noch daran, dass ihm plötzlich, aus welchem Grund auch immer, die Beine unter dem Körper wegrutschten und er irgendwo hart aufschlug – dann wurde alles schwarz vor seinen Augen.

Als Harald sein Bewusstsein wiedererlangte, vermochte er nicht zu sagen, wie lange er dort am Boden gelegen hatte. Vorsichtig hob er seinen schmerzenden Kopf und wollte sich aufrichten. Unglaubliche Schmerzen durchfuhren seinen ganzen Körper.

»Was um Himmels willen ist jetzt los«, stammelte Harald. Es dauerte eine Weile bis ihm klar wurde, dass mit seinen Beinen etwas nicht stimmte. Er konnte seine Beine nicht mehr bewegen! Kraftlos und voller Angst ließ er den Oberkörper wieder auf den Boden zurückgleiten. Tränen brannten in seinen Augen. Er spürte seine Beine und seine Füße nicht mehr, wie sollte er nun Hilfe herbeiholen? Die Haustür hatte er, wie immer, von innen verschlossen und den Schlüssel hoch oben auf die Hutablage der Flurgarderobe gelegt. Dort lag auch sein Handy. Unerreichbar für ihn. Mühsam und mit großen Schmerzen versuchte er, den Oberkörper aufzurichten und sich an die Wand anzulehnen. Es kostete seine ganze Kraft. Er hatte nur eine Chance auf Hilfe: Er musste es bis zum Küchenfenster schaffen und von dort aus Passanten auf der Straße auf sich aufmerksam machen, das wurde ihm schnell klar.

Als der Abend hereinbrach, hatte Harald es gerademal bis in den Flur geschafft. Er hatte Durst und Hunger und ihm war kalt, aber noch größer war die Angst in ihm, hilflos auf dem Boden liegend zu sterben. Den Tod hatte er sich in den letzten Jahren oft gewünscht, doch nicht so unwürdig! Mit der letzten Kraft, die er an diesem Abend noch hatte, schrie er so laut er konnte um Hilfe, solange, bis seine Stimme versagte und er in einen ohnmachtsähnlichen Tiefschlaf fiel.

Während Harald Ostfeld am nächsten Tag weiter um sein Leben kämpfte, tratschte Franzi Ziegler mit der halben Nachbarschaft über diesen »unverschämten und undankbaren Einsiedler«.

»Bestimmt kauft er sein Mineralwasser nun im Discounter, geizig wie der ist«, schimpfte sie lauthals. »Der ist so geizig, dass er nur ein einziges Brötchen und eine Flasche Wasser pro Tag kauft«, zeterte sie weiter und einige Damen des Dorfes hatten ebenfalls einige Kommentare beizusteuern.

»Der ganze Mann ist wunderlich«, sagte Heidrun Stöber, die über fast alle Menschen im Dorf etwas höchst Verwerfliches wusste. Nur der Wahrheitsgehalt ihrer Aussagen war immer mehr als zweifelhaft, aber das interessierte gottlob niemanden.

»Ich nehme an«, erklärte die Stöber mit wichtiger Stimme, »ich nehme an, dass er sich eine neue Frau ins Haus geholt hat!«

»Ja, sagen Sie bloß. Das ist ein Ding! Genauso habe ich den alten Lustmolch auch eingeschätzt. Und dabei ist seine Frau, die er angeblich über alles geliebt hat, erst ein paar Jahre tot. So schnell trösten die Männer sich dann«, entrüstete sich Franzi Ziegler. »Woher wissen Sie denn das mit der neuen Frau? Aus unserem Dorf kann die doch nicht sein ...«

»Wohl eher nicht, aber ich habe gehört, wie sie mit Vornamen heißt!«

»Ach was?«

»Wir hatte doch gestern Abend unsere Frauenrunde zum Thema "Kommunikative Unterhaltung leicht gemacht". Es ist dabei etwas später geworden und es war schon dunkel, als ich nach Hause ging. Ich komme dann natürlich auch an dem Haus von dem Ostfeld vorbei und, was soll ich Ihnen sagen, da hat der im Haus eine Frau angebrüllt, so was haben Sie noch nicht gehört!«

»Das gibt es doch nicht!«

»Wenn ich es Ihnen doch sage. Der hat wie ein Irrer immer "Hilde, Hilde, Hilde" geschrien. Ganz unheimlich war das. Ich habe nur gedacht, hoffentlich tut er der armen Frau kein Leid an.«

»Wie schrecklich. Die Polizei hätten Sie gleich rufen sollen ...«

»Ich mische mich da nicht ein. Da will ich nichts damit zu tun haben!«

»Das kann ich verstehen. Wer weiß, was man von diesem Menschen selber zu befürchten hat, wenn man sich da einmischt«, bestätigte die Ziegler kopfnickend.

»Ich sag nur: so wie der Vorgarten schon aussieht …«

»Ja, das lässt tief blicken. Ich denke mir, dass die Frau von sich aus wieder von ihm weggehen sollte, wenn sie merkt, was für ein unberechenbarer Tyrann dieser Mann ist. Vielleicht ist das so eine Person aus einer dieser Kontaktanzeigen«, die Stöber hatte inzwischen aus dramaturgischen Gründen in einen Flüsterton gewechselt.

»Ach du lieber Himmel! Wie entsetzlich. So alte Männer nehmen sich doch immer blutjunge Frauen. Ich bin mal gespannt, wie das weitergeht!«

»Ich werde Ihnen morgen Bescheid sagen. Vielleicht erfahre ich noch weitere Neuigkeiten«, versprach die Stöber hoch und heilig, bevor sie sich auf den Heimweg machte.

Kurz bevor die Stöber an diesem Vormittag am Haus von Harald Ostfeld vorbeikam, hatte dieser es mit einer schier übermenschlichen Anstrengung geschafft, sich bis in die Küche zu schleppen und sich dann am Küchenfenster so weit hochzuziehen, dass er gerade eben mit dem Kopf auf die Straße schauen konnte. Ihm fiel ein Stein vom Herzen, als er Heidrun Stöber erblickte, die noch dazu auf seiner Straßenseite ging. Lange würde er sich nicht mehr halten könnten, denn auch die

Kraft in seinen Armen ließ nach. Seine Stimme war inzwischen nicht mehr als ein heiseres Krächzen, als er versuchte, die Nachbarin zu rufen. Sie schaute zum Fenster, schüttelte entrüstet den Kopf und ging zügig ihres Weges.

Er schrie keuchend einige Wortfetzen und schlug mit einer Hand an die Scheibe bis er abrutschte und erschöpft zu Boden fiel.

»Jetzt ist der Alte ganz durch den Wind«, berichtete die Stöber der Ziegler am nächsten Morgen. »Ich bin doch gestern, nach unserem Gespräch, am Haus von dem Ostfeld vorbeigekommen. Da hing der doch tatsächlich sturztrunken an seinem Küchenfenster und lallte vor sich hin. Der war so besoffen, richtig sprechen konnte der nicht mehr. Als ich nicht reagierte, hat der vor Wut mit seiner Hand fast die Scheibe eingeschlagen.«

»Ich habe es doch schon immer gesagt! Bei mir kauft der, nur um einen auf harmlos zu machen, eine Flasche Mineralwasser. Im Discounter kauft der die anderen Flaschen – da ist dann aber was Hochprozentiges drin«, hetzte die Ziegler. »Was ist denn aus dieser Hilde geworden?«

Die Stöber schüttelte den Kopf.

»Die Frau habe ich nicht gesehen. Vielleicht ist die gleich wieder weggelaufen!«

»Wenn sie klug ist. Wer will schon mit einem Alkoholiker zusammen sein ...“

In Harald Ostfelds Haus war indes nur noch das Ticken der alten Wanduhr zu hören. Er hatte seinen Überlebenskampf inzwischen verloren. Einsam und allein war er aus dem Leben gegangen.

Seltsam war hingegen, dass er für die Dorfbewohner, die von seinem Tod erst Wochen später erfuhren, noch lange Zeit weiterlebte und sich die abenteuerlichsten Geschichten um ihn rankten.

»Gestern habe ich den Ostfeld wieder im Discounter gesehen, wie er ganz verstohlen eine Flasche Schnaps gekauft hat«, berichtete Heidrun Stöber in der Woche nach seinem Tod der Franzi Ziegler. »Doppelkorn war es, eine große Flasche Doppelkorn!«

»Die wird er bestimmt komplett an einem Abend austrinken«, stimmte die Ziegler bei. »Bei mir hat er doch auch immer eine Flasche pro Tag gekauft, aber im Discounter ist das für ihn unauffälliger. Als ich ihn darauf angesprochen habe, ist er ganz verlegen geworden. Bei mir kauft er seitdem ja nicht mehr ein …«

Energiegeladen

Sie sah an einem schönen Tag,
wo ein Elektrokabel lag,
sie sah es, als sie putzte –
und stutzte.
Es baumelte ganz lose
und hing nicht in der Dose,
dass es ein Starkstromkabel war,
vergrößerte noch die Gefahr
und unbedacht berühren,
könnte zum Stromschlag führen.
Und sehr bewusst wurde ihr dann,
wie schnell ein Mensch doch sterben kann.
Sie dachte sich, es wäre toll,
wenn's ihren Mann dann treffen soll.
Das Kabel lag so offen,
da konnte sie ja hoffen.
Und vor nicht allzu langer Zeit –
hurra, da war es dann so weit.
Er wurde rot, dann blau, dann bleich –
nun ist sie Witwe und steinreich.

Der Arzt ihres Vertrauens

Er war gerade sieben Jahre,
da war ihm alles schon ganz klar,
nur Arzt zu werden war das Wahre,
und Frauenarzt war wunderbar.

Gleich nebenan wohnte Marie,
die war ein schönes Testobjekt,
die sagte nämlich niemals nie
und seine Neugier wurd' geweckt.

Sie spielten gerne Doktorspiele,
er hörte ab mit Gartenschlauch,
der Spiele spielten sie recht viele
und dabei lernte er dann auch.

Es war für's ganze Leben gut,
zu wissen, wie die Mädchen ticken.
Er war als Arzt stets auf der Hut,
die Frauen wollten nicht nur stricken.

Nur allzu gerne fielen Hüllen –
er war ein attraktiver Mann,
die Frauen baten ihn, zu fühlen
und er ging immer mächtig ran.

Meist kamen zu ihm junge schicke,
sein Herz verlangte dann nach mehr,
doch plötzlich kam 'ne ziemlich Dicke,
die gab rein optisch nicht viel her.

Sie fiel dem Arzt gleich in den Arm,
er wich noch rasch vor ihr zurück,
verschwitzt und ohne jeden Charme,
die Dame war wahrhaft kein Glück.

Sie riss mit Schwung das Kleid sich runter
und rief:
»Ich bin es – die Marie!«
Sie trug rein gar nichts mehr darunter,
es graute ihm, so wie noch nie.

Und so erlosch die Jugendliebe,
die niemals mehr wie Feuer brennt
und es erloschen seine Triebe –
nun ist er leider impotent.

Den Regenbogen sehen

Heiner Kapka war ein einsamer und verhärmter Mann geworden seit jener schrecklichen Nacht. Der Unfall hatte sein Leben verändert. Mit seinem vernarbten Gesicht hatte er sich inzwischen abgefunden – dass er Sarah verloren hatte, damit würde er sich niemals abfinden.

Heute jährte sich ihr Todestag zum vierten Mal. Tränen liefen ihm über die Wangen. Es erfüllte ihn immer noch mit Bitterkeit, wenn er an den Trunkenbold dachte, der den Zusammenstoß verschuldet hatte. Dieser Mann hatte sein Leben im Bruchteil einer Sekunde für immer zerstört. Eine unendliche Traurigkeit kroch in ihm hoch. Sie schmerzte im ganzen Körper.

Ich muss hier raus, dachte er, sonst werde ich wahnsinnig.

Hastig verließ er das Haus und irrte ziellos durch die Straßen, so lange, bis der Schmerz in seiner Seele etwas abklang.

Tief atmend hielt er sich an einem Gartenzaun fest. Erst jetzt bemerkte er das Mädchen. Sie saß auf den Treppenstufen zu einem Hauseingang und sah ihn starr an. Er schätzte ihr Alter auf etwa acht Jahre. Zögernd ging er auf das Kind zu.

»Du hast keine Angst vor mir?«, fragte er leise und fuhr mit der Hand verlegen über sein entstelltes Gesicht. Er hatte diese Frage nicht stellen wollen, sie war ihm einfach so herausgerutscht.

»Warum sollte ich denn Angst haben?«, fragte das Mädchen zurück. Ihre sanfte Stimme berührte ihn tief im Inneren, doch sie sah ihn mit einem seltsam starren Blick an.

»Weil ich nicht schön aussehe«, sagte er, doch er wusste im selben Moment, dass das Mädchen blind war.

»Für mich siehst du aber schön aus!«, sagte sie.

Er wurde verlegen.

Das Mädchen schien es zu spüren und lächelte.

»Was ich sage, das stimmt. Ich kann dich sehen. Ich sehe dich über deine Stimme und deine Stimme ist schön.«

Nun lächelte er auch.

»Ich heiße Swenja«, sagte das Mädchen. Sie deutete mit der Hand neben sich auf die Stufen und rückte ein wenig zur Seite.

Er setzte sich zu ihr.

»Ich bin Heiner.«

Einen Augenblick schwiegen beide.

»Deine Stimme klingt traurig, geht es dir nicht gut?«

Swenja hatte ein gutes Gehör.

»Das ist eine lange Geschichte«, sagte er. »Ich erzähle sie dir ein anderes Mal.«

»Versprochen?«

»Versprochen!«

Wieder war es einen Augenblick lang still.

»Ich bin auch traurig«, verriet Swenja ihm. Sie kämpfte plötzlich mit den Tränen. »Es wird bald Regen geben, nicht wahr?«

»Ja, ich denke schon. Es ziehen inzwischen viele Wolken auf.«

»Vielleicht wird danach ein Regenbogen am Himmel zu sehen sein?«

»Ja, vielleicht.«

»Ich werde niemals einen Regenbogen sehen könnten«, sagte sie traurig. »Er soll schön aussehen, mit vielen bunten Farben, aber ich habe noch niemals Farben gesehen. Ich werde nie wissen, wie ein Regenbogen aussieht!«

Er schwieg betroffen. Gerade noch hatte er sich und sein eigenes Leben so wichtig genommen, nun schämte er sich dafür. Eine Idee machte sich in seinen Gedanken breit.

»Vielleicht kann ich dir dabei helfen, einen wunderschönen, bunten Regenbogen zu sehen«, sagte er.

»Wie willst du das machen«, fragte Swenja verwundert.

»Das ist mein Geheimnis, aber ich muss zuerst deine Eltern um Erlaubnis bitten!«

Zum ersten Mal seit langer Zeit spürte er wieder Freude in seinem Herzen.

Zwei Tage später holte Heiner Swenja von Zuhause ab.

»Wir sind am Nachmittag wieder zurück!«, sagte er und legte dem Kind schützend die Hand auf die Schulter.

Swenjas Mutter nickte zustimmend. Er hatte ihr von seinem Plan erzählt und sie war zunächst skeptisch gewesen. Ihr Mann hatte die Bedenken nicht mit ihr geteilt. Er kannte Heiner Kapka noch aus seiner Schulzeit und wusste, welch schwerer Schicksalsschlag ihn damals ereilt hatte.

»Gib den beiden eine Chance«, hatte er zu seiner Frau gesagt. »Vielleicht kann er nicht nur Swenja helfen, sondern Swenja auch ihm!«

Sie blickte Heiner und Swenja nach, bis die beiden aus ihrem Blickfeld verschwanden. Erst dann ging sie ins Haus zurück und schloss die Tür hinter sich.

Heiner führte Swenja auf die Terrasse seines Hauses und half ihr, sich auf die Holzbank zu setzen.

»Ich muss noch rasch einige Dinge holen, die ich vorbereitet habe«, sagte er und eilte ins Haus zurück. Swenja war ganz aufgeregt. Sie hörte, wie Heiner nach und nach einige Gegenstände auf den Tisch legte. Dann setzte er sich zu ihr.

Er pustete einen langen, dünnen Luftballon auf und verknotete das Ende, damit die Luft nicht wieder entweichen konnte. Auf dem Tisch hatte er einige kleine Spielzeughäuser drapiert. Er führte Swenjas Hand zu diesen kleinen Gebäuden, damit sie alles ertasten konnte. Den Luftballon wölbte er wie einen Bogen über die Ministadt. Nun hatten Swenjas Finger auch den Luftballon ertastet. Sie zog mit der Hand den Halbkreis nach, den dieser bildete.

»Ist das ein Regenbogen?«, fragte sie und ihre Hände glitten erneut über den Ballon und anschließend wieder über die kleine Spielzeugstadt, die sich zwischen den zwei Ballonenden befand.

»Ja, das ist ein Regenbogen«, sagte er und führte Swenjas Hand an der Oberseite des Ballons entlang.

»Ganz außen ist der Regenbogen rot. Rot kann heiß sein, so dass man sich die Finger verbrennt oder angenehm warm, wie die Sonne, die du gerade auf deiner Haut fühlst.«

Swenja breitete die Arme aus und genoss die Wärme einen Augenblick lang ganz bewusst.

»Rot ist eine schöne Farbe«, sagte sie und lachte übermütig.

»Rot«, sagte Heiner, »fühlt sich so weich und flauschig an wie Samt«, er ließ Swenja ein Stück Stoff abtasten, »und Rot schmeckt wie eine Kirsche oder wie eine Erdbeere.«

»Kirschen und Erdbeeren esse ich gerne. Rot schmeckt also richtig gut!«, verriet Swenja.

Wieder ergriff Heiner Swenjas Hand und führte sie diesmal auf der Vorderseite an dem Ballon entlang. »Dieser Bogen ist gelb«, sagte er. »Gelb ist wie die Sonne am frühen Morgen, wenn du ihre Wärme nur wie ein Hauch auf deiner Haut fühlen kannst. Es ist noch ein wenig zu kühl, aber du weißt, dass es ein angenehmer Tag werden wird.«

Er gab Swenja ein Stück Seide zum abtasten in die Hand.

»Gelb fühlt sich angenehm frisch und glatt an. Es schmeckt wie klares, kaltes Wasser mit einem Spritzer Zitronensaft.«

Swenja nickte bestätigend mit dem Kopf.

»Zitronensprudel trinke ich im Sommer fast jeden Tag. Gelb schmeckt also auch gut!«

»Die nächste Farbe ist grün«, sagte Heiner und half Swenja von der Bank aufzustehen. Er führte sie auf eine kleine Rasenfläche, die er kurz vor dem Besuch des Kindes noch geschnitten hatte. Sie knieten sich nieder und tasteten mit den Händen das dichte, saftige Gras ab.

»Grün fühlt sich an wie eine frisch gemähte Wiese. Die Farbe ist so kraftvoll, wie ein dicker, großer Grashalm oder aber zart und biegsam, wie ein kleiner Pflanzensprössling, der gerade erst aus dem Boden kommt. Grün schmeckt wie eine feste aber dennoch saftige Birne, wie ein knackiges Salatblatt oder wie Götterspeise mit Waldmeistergeschmack.«

Die beiden gingen lachend wieder zum Tisch zurück.

»Was kommt jetzt für eine Farbe?«, fragte Swenja neugierig.

»Nun kommt Blau.«

Heiner schob eine Schüssel mit eisgekühltem Wasser zurecht und tauchte Swenjas Hand vorsichtig ein.

»Blau ist wie klares, erfrischendes Wasser, kann aber auch wie festes, hart gefrorenes Eis sein.«

»Am schönsten ist Blau in einer Eisdiele«, sagte Swenja, »denn da ist das Eis schön cremig und es erfrischt auch herrlich! Kennst du blaues Schlumpfeis?«

Sie lachte schelmisch, doch Heiner ließ sich nicht aus dem Konzept bringen.

»Die letzte Farbe ist eine Mischung aus Lila und Violett«, sagte er und ließ Swenjas Hand über einen kleinen Tischteppich aus Schurwolle gleiten. »Dieser Farbton bildet den inneren Bogen. Diese Farbe weiß nicht so recht, ob sie warm wie Rot oder kühl wie Blau sein soll. Sie fühlt sich zwar weich an, bietet aber dennoch einen gewissen Widerstand. Geschmacklich würde ich diese Farbe wie folgt beschreiben: Fruchtig und süß wie Heidelbeeren und zugleich auch angenehm erfrischend.«

»Wie Heidelbeereis!«, ergänzte Swenja den Satz. »Das mag ich nämlich ganz besonders gerne!“

»Genau. Wie Heidelbeereis!«, Heiner grinste. »Nachdem wir nun alle Regenbogenfarben mit den Händen ertastet haben, sollten wir sie jetzt wirklich eingehend "erschmecken", oder bist du da anderer Meinung?«

»Etwa in einer Eisdiele?«, über Swenjas Gesicht zog ein freudiger Hoffnungsschimmer.

»Das ist genau der richtige Ort dafür, denke ich«, bestätigte Heiner, schob den Tisch etwas zur Seite und reichte Swenja seine Hand, damit sie bequem aufstehen konnte.

»So ein Regenbogen ist tatsächlich wunderschön. Ich würde ihn am liebsten jeden Tag mit dir sehen!«, sagte Swenja listig und ihr Gesicht strahlte vor Freude mit der Sonne um die Wette.

»Ich mit dir auch«, sagte Heiner gerührt und wischte verstohlen die Tränen aus seinen Augen.

Glücklich spazierten sie Hand in Hand los, um in dem kleinen Eiscafé den »erfühlten« Regenbogen nun endlich auch in all seinen Farben zu »erschmecken«.

Kleine Wunder geschehen manchmal genau dann, wenn man die Hoffnung schon fast verloren hatte.

Auf den Kopf gefallen

Der Mann, er zog stets eine Fratze
und sah auch sonst nicht prächtig aus.
Er hasste Vogel, Hund und Katze
und auch 'ne Frau kam nicht ins Haus.

Doch plötzlich zog grad gegenüber
'ne Frau in eine Wohnung ein,
er sah fast stündlich zu ihr rüber
und fühlte dabei Frust und Pein.

Auf dem Balkon stand sie sehr gerne
und pflanzte ihn mit Blumen zu,
am Tag und auch beim Licht der Sterne,
da raubte sie ihm seine Ruh.

Die Schlampe muss hier wieder weg,
so dachte er sich voller Grimm,
am besten mit dem ganzen Dreck,
denn Pflanzen fand er alle schlimm.

Und anonym rief er sie an,
zu jeder Stund', zu jeder Zeit,
ins Telefon er keuchte dann
und war zu jeder Tat bereit.

Ihr Auto ritzte er mit Draht
und auf die Reifen stach er ein,
ein Werkzeug hatte er parat –
es war ein Messer, scharf und klein.

Doch als er die Antenne knickte,
trat sie auf den Balkon hinaus,
er sah nicht, dass sie ihn erblickte –
er stand direkt vor ihrem Haus.

Sie sagte später mit Bedauern,
sie sei ein wenig ungeschickt,
sie würde ewig um ihn trauern
und sie sei wirklich arg geknickt.

Sie sah nur zu dem Herrn hinunter,
weil er ihr wirklich gut gefiel,
sie wär sehr tollpatschig mitunter
und auch der Wind war mit im Spiel.

Er zauste etwas ihre Haare,
die hingen ihr vor dem Gesicht,
deshalb liegt er nun auf der Bahre,
doch ach, das wollt' sie wirklich nicht!

Den Topf stieß sie nur aus Versehen,
dabei von seinem sich'ren Platze
und sie wird es niemals verstehen
doch er fiel ihm auf seine Glatze.

Er hechelte und keuchte arg
bevor für ewig er verschied,
sie warf ihm Blumen auf den Sarg
und summte leis' ein frohes Lied!

Der schöne Schein

Er war ein treuer Ehemann –
doch nur nach außen hin,
denn oftmals stand dem Biedermann
nach anderem der Sinn.

»Das Rotlicht tut dem Rücken gut«,
so gab er gerne an.
Er prahlte bei den Freunden rum,
wie oft und lang er kann.

Die Damen zahlte er recht gut
und gab Champagner aus,
doch seine brave Ehefrau,
die wartete zu Haus.

Des Nachts da blähte er sich auf
und wollte »jemand« sein,
doch schloss er dann die Wohnung auf,
dann wurde er ganz klein.

»Es war ein furchtbar schwerer Tag«,
log er die Frau dann an
und jahrelang da glaubte sie
ganz fest an ihren Mann.

»Der Kerl betrügt dich, glaube mir«,
so sprach die Nachbarin,
doch sie nahm diesen Hinweis nur
mit einem Lächeln hin.

»Ich hab den Kerl genau geseh'n,
mit einer blonden Frau,
die Haare gingen bis zum Po –
ich sah sie ganz genau.

Du musst etwas dagegen tun –
es ist doch euer Geld,
und dass verprasst er in der Nacht
in einer andren Welt!«

Die Frau, sie lachte laut und sprach:
»Das ist jetzt nicht mehr so,
Ich hab mich neulich was getraut,
das macht mich richtig froh!«

Ganz unten, tief im Wäscheschrank,
da hat sie ein Versteck
und was da liegt, das trägt sie nur,
geht sie am Abend weg.

Dann setzt sie die Perücke auf
– goldblondes, langes Haar –
und wird zu einem andren Mensch
als sie am Tag es war.

Sie schminkt sich stark
und zieht dazu die hohen Stiefel an.
Mit Minirock und heißem Top
verführt sie ihren Mann.

Sie nimmt sein Geld und weiß genau,
sie ist als Hure top
und er ahnt bisher wirklich nichts
von ihrem Nebenjob.

Derweil er noch beschäftigt ist
sich wieder anzuzieh'n,
fährt sie im Auto rasch nach Haus
und wartet brav auf ihn.

Abschied von einem Freund

Er hatte es schon in seiner Kindheit gelernt, nie Gefühle und Schwächen zu zeigen. »Männer weinen nicht!«, hatte sein Vater ihn immer wieder ausgeschimpft, wenn ihm als Kind ein paar Tränen über die Wangen kullerten. Im schlimmsten Fall hatte es dafür sogar einige heftige Ohrfeigen gegeben. So war er im Laufe seines Lebens zu einem unnachgiebigen und rücksichtslosen Menschen geworden, der meistens über Leichen ging und nur die eigenen Vorteile im Blick hatte.

Und nun? Gerade jetzt hat er das Gefühl, sich außerhalb seines eigenen Körpers zu befinden und sich selber zuzusehen. Ein ihm völlig fremder Mensch steht nun da, im strömenden Regen, die Tropfen rinnen über sein Gesicht und vermischen sich mit seinen heißen Tränen.

Er schaut auf das Wasser hinaus. Heftige Sturmböen fallen von den Bergen ins Tal hinab, peitschen Regenwände vor sich her und treiben ein fast neckisches Spiel mit dem ansonsten so stillen See. Nun tanzen große und kleine Wellen einen wilden Reigen auf seiner Oberfläche, lassen weiße Schaumkrönchen auf ihren Kämmen entstehen, um sie eine Sekunde später wieder gurgelnd zu verschlingen.

Der Anblick erinnert ihn an einen tristen, kalten Herbsttag am Meer. Die Tränen in seinen Augen lassen das Bild in sich verschwimmen, undeutlich werden, bis alles nur noch ein einheitliches Grau ist.

Sein teurer Maßanzug ist zum auswringen nass – es ist ihm egal. Mit seinem Schlips wischt er sich die Tränen aus den Augen.

»Warum nur, warum musst ausgerechnet du, mein treuer Freund von mir gehen«, flüstert er leise, fast unhörbar. »Warum nur muss ich heute, an diesem trüben Regentag, gerade von dir Abschied nehmen? So deutlich erinnere ich mich noch an den Tag, als wir uns kennenlernten. Mir ist, als wäre es erst gestern gewesen. Ich sah in deine glänzenden, ausdrucksvollen Augen und ich vergaß die Welt um mich herum. Lange habe ich damals bewegungslos an demselben Fleck gestanden und dich nur angeschaut. Ich konnte meinen Blick nicht mehr von dir wenden. Ich versank in deinen Augen, um schon einen Augenblick später wieder aufzutauchen, durch die Bewegungen deiner sinnlichen Lippen gelockt, die mich auch ohne Berührungen liebkosten und verführten. Es gab keinen Tag mehr ohne dich! Du, mein Freund, hast mich immer verstanden. Auch ohne Worte wusstest du, wie es mir geht, ob ich innerlich weinte oder lachte. An trostlosen Tagen, wenn alle Menschen gegen mich waren, in kalten und ausweglosen Nächten, die ich alleine im Bett verbracht habe, hast du mir Kraft und neuen Mut gegeben. Du warst immer für mich da. Nur du hast mich ermuntert, wieder aufzustehen, wenn ich am Boden lag, weiterzugehen, wenn ich keinen Weg mehr sah, die wundervollen Farben des Regenbogens zu sehen, wenn die Welt um mich herum in Finsternis zu versinken drohte«, seine Stimme versagt ihm.

Er hält das Glas so fest in seinen Händen, als solle es ihm für sein ganzes weiteres Leben Energie und Stärke geben. Lebenskraft, um ein Leben zu ertragen, in dem es seinen Freund, seinen einzigen Freund, nun nicht mehr geben wird!

Er ist so unendlich müde. Dennoch muss er es jetzt tun! Er reißt sich zusammen, befiehlt seinem erschöpften, matten Körper sich zu bewegen, um seinem besten Freund diesen letzten Liebesdienst zu erweisen.

Langsam, ganz langsam beugt er sich hinunter, das Glas fest umschlungen haltend, wie ein kostbares Gut. Ganz behutsam lässt er seine Hände sinken und mit ihnen das bauchig-runde Gefäß.

Windböen umschlingen ihn mit ihrem kalten Atem, jammern und weinen in seinen Ohren, stürzen sich mit laut pfeifendem Geräusch in das Wasser und wühlen es auf, als würde ein Ungeheuer dort hausen.

Ihm kommt es vor, als wollten ihn die an das Ufer treibenden Wellen ermutigen, diese letzte und alles entscheidende Handlung endlich vorzunehmen.

»Sieht es nicht gerade so aus, als würden sie nach dir greifen, dich zu sich locken, mein kleiner Freund?«, kaum hörbar haucht er die Worte in das Glasgefäß.

Noch eine winzige, aber folgenschwere Drehung seiner Hände und der kleine leblose Körper wird vom Wasser hinausgetragen, weit hinaus in die Tiefen des großen Sees.

Ein letztes Mal schaut er auf den so vertrauten und geliebten, goldschimmernden zierlichen Leib, wie er vor seinen tränennassen Augen aus dem schützenden Glas ins Ungewisse gleitet.

»Lebe wohl mein kleiner, goldiger Freund, mein Begleiter. Du wirst mir so sehr fehlen! Lebe wohl meine große Liebe – lebe wohl mein treuer Goldfisch!«

Sein schönster Tanz

Es war der erste Tanz des Abends,
als sie ihn mit dem Mädchen sah.
Der Sommerwind strich durch die Bäume
und er strich durch ihr schwarzes Haar.
Sie war einst ihre beste Freundin –
sie war es bis zu diesem Tag,
denn niemals würde sie verzeihen,
dass sie in seinen Armen lag.

Sie wusste schon seit Kindesbeinen,
wie giftig manche Pflanzen sind,
sie würd um einen Mann nicht weinen,
das schwor sie sich im Sommerwind.
Und voller Stolz hielt sie in Händen,
das kleine Fläschchen Elixier,
denn heute würde sie es brauchen –
gerade jetzt, gerade hier!

Sie wartete den nächsten Tanz ab,
dann griff sie heimlich sein Glas Wein
und unerkannt und unbeachtet,
gab sie zehn Tropfen Gift hinein.
Versteckt im Dickicht sah sie später,
dass keine Rettung möglich war.
Sein schönster Tanz war auch sein letzter,
das war ihm vorher nur nicht klar!

Sport verbindet

Sie waren gleich in mancher Art
und liebten Dart.
Jedoch Monotonie
entzweite sie.
Sie fand schnell einen andern –
beim Wandern.
Darauf machte sie Schluss
mit einem Schuss.
Nun spielt sie Dart nicht mehr –
sie hat jetzt ein Gewehr!

Geisterspiel

Gabi saß mit ernstem Gesicht auf dem Teppichboden in ihrem Wohnzimmer. Vor ihr lagen zwei spärlich beschriebene Seiten Papier und ein kleines Holztischchen. Unschlüssig drehte Gabi die Seiten in ihren Händen hin und her. Sie wusste nicht, ob sie lachen oder weinen sollte. Es war natürlich purer Humbug und es ärgerte sie maßlos, dass sie sich darauf überhaupt eingelassen hatte.
Sie erhob sich langsam vom Boden.

Das Kerzenlicht flackerte gespenstisch, als sie sich bewegte. Es war schon nach Mitternacht, aber dennoch nahm sie das Telefon und wählte die Nummer von Karin, ihrer besten Freundin. Sie ließ es endlos klingeln, aber Karin ging nicht dran. Seltsam – wo steckte sie nur? Eigentlich müsste sie Zuhause sein.

»Es ist ohnehin alles Blödsinn«, sagte Gabi laut, schenkte sich ein Glas Rotwein ein und trank es in einem Zug leer. Sie stellte das Glas unsanft auf dem Tisch ab und ging zum Schrank hinüber. Sie legte die zwei Papierblätter in die unterste Schublade und beschloss, sich darüber keine Gedanken mehr zu machen. Karin würde allerdings einiges von ihr zu hören bekommen, soviel war klar. Die mit ihrem blöden Geistertisch!

Als um sechs Uhr der Wecker klingelte, hätte sich Gabi am liebsten die Decke über die Ohren gezogen um weiterzuschlafen.

Warum muss ich mir auch mitten in der Woche den Rotwein reinziehen, dachte sie mürrisch und robbte sich schlaftrunken bis in die Küche vor. Kopfschmerzen ohne Ende gepaart mit schlechter Laune – das waren ja wunderbare Voraussetzungen für einen gelungenen Tagesbeginn!

Als Gabi endlich in der Firma an ihrem Schreibtisch saß, hatte sie zwar keine Kopfschmerzen mehr, aber so recht wollte ihr nichts von der Hand gehen. Sie wartete auf Peters Anruf, doch das Telefon gab den ganzen Tag keinen Laut von sich.

Als es auf den Feierabend zuging und ihr Freund sich immer noch nicht bei ihr gemeldet hatte, wurde sie langsam unruhig. Sollte sie ihn auf seinem Handy anrufen? Er würde sauer sein, wenn sie ihn nerven würde. Ruf bloß nicht andauernd an, hatte er ihr vor der Abfahrt gesagt. Dann hatte er sie in den Arm genommen und ihr eine Überraschung bei seiner Rückkehr versprochen.

Bevor sie noch viel fragen konnte, waren seine Freunde Gerd und Thomas laut grölend vorgefahren und hatten ihn ratzfatz eingesackt. Die Drei gingen auf Skat-Tour, ein jährlich wiederkehrendes Ritual, das Gabi mehr als nur verhasst war.

Gerd und Thomas machten vor keinem Rock halt, erst recht nicht, wenn Alkohol im Spiel war. Sie musste nicht besonders einfallsreich sein, um zu wissen, wie so eine Skat-Tour enden würde. Peter hatte für ihre Bedenken wieder nur ein breites Grinsen übrig gehabt.

Das machte die Sache auch nicht besser. Einzig der Gedanke an die bevorstehende Überraschung beflügelte Gabis Gedanken positiv. Peter hatte sie dabei so komisch angeschaut. Bisher hatte jeder eine eigene Wohnung. Vielleicht würde er sie bitten, mit ihm zusammenzuziehen? Oder er würde ihr einen Heiratsantrag machen? Für Svenja war Peter der Mann ihres Lebens. Ein Leben ohne ihn mochte sie sich nicht mehr vorstellen. Die Sache hatte nur einen Haken, genau genommen sogar zwei: Peter war bei Frauen jeglichen Alters ein überaus begehrter Typ und er dachte nicht im Traum daran, irgendwann zu heiraten!

Ein lauter Knall holte Gabi unsanft aus ihren Gedanken zurück.

»Sorry«, murmelte Azubi Karsten und machte ein betretenes Gesicht. »Die Tür ist mir echt aus der Hand geschlagen worden. Hier zieht es wie Hechtsuppe!«

»Wer mit Frischluft nicht klarkommt, sollte eben draußen bleiben!«

Karsten schaute Gabi irritiert an. Was war der denn über die Leber gelaufen?

Er verkniff sich einen Kommentar, nahm die Ausgangspost aus dem Korb und verschwand schnell wieder. Weiber, dachte er kopfschüttelnd, da weißt du nie, woran du bist!

Gabi war das Warten indes leid. Peter hätte sich wenigstens ganz kurz melden können. Die Drei hatten kein bestimmtes Reiseziel ins Auge gefasst und somit auch nirgendwo ein Zimmer gebucht. Das wollten sie

spontan entscheiden. Da konnte unterwegs durchaus was passiert sein.
Ich werde nur rasch fragen, ob alles OK ist, dachte Gabi. Mit leichtem Unwohlsein in der Bauchgegend wählte sie Peters Handy-Nummer.

Tuuuut, tuuuut, tuuuut.

Niemand nahm ab.

Gabi legte den Hörer wieder auf. Warum meldete er sich nicht? Wo war er? Wieso ging er nicht an sein Handy? Plötzlich dachte sie an die letzte Nacht. Ihre Mutter hatte immer gesagt, dass es Unglück bringen würde, wenn man in einer Zeremonie Geister herbeirufen würde. Vielleicht hatte sie damit tatsächlich recht. Und wer war schuld:

Karin – und natürlich der Rotwein!

Gabi war heilfroh, als Dienstschluss war und sie endlich wieder nach Hause fahren konnte. In den eigenen vier Wänden angekommen, ließ sie sich müde auf das Sofa fallen.

Das Telefon schellte.

War es Peter?

Gabis Hoffnung wurde zerschlagen. Es war nur Olaf, Karins Freund. Nein Karin war nicht bei ihr und sie wusste auch nicht, wo sie war. Olaf klang leicht verzweifelt, aber Svenja konnte ihm nicht helfen.

»Sei mir nicht böse, ich warte auf einen dringenden Anruf. Karin wird sich bestimmt bei dir melden«, sagte sie unwirsch und würgte Olaf schnell wieder ab, um die Leitung frei zu haben.

Bestimmt würde Peter gleich anrufen. Sie lag die halbe Nacht wach, doch er meldete sich nicht und sie konnte ihn auch weiterhin nicht erreichen – weder in dieser Nacht, noch in den folgenden Tagen und Nächten. Es war zum aus der Haut fahren!

»Ringe sollte man an den Fingern tragen und nicht unter den Augen«, feixte Kasten, als er die Post am nächsten Tag in Gabis Büro abholte. Er musterte seine Kollegin ungeniert.

»Gibt es Probleme mit deinem Freund oder ist es etwas Ernstes?«, wollte er neugierig wissen.

»Verschwinde einfach wieder«, murrte Gabi. Sie war nicht zu flapsigen Sprüchen aufgelegt.

»Probier es doch mal mit mir, Süße. An mir ist auch alles dran, was du brauchst«, grinste Karsten und wackelte demonstrativ mit seinem Hintern.

Er konnte sich gerade noch rechtzeitig ducken, um einigen Wurfgeschossen zu entkommen. Er zog es vor, schleunigst aus der Gefahrenzone zu verschwinden.

»Dich brauche ich ganz bestimmt nicht!«, rief Gabi ihm nach. Sie war froh, als sie wieder alleine im Zimmer war und ungestört ihren Gedanken nachhängen konnte.

Am darauffolgenden Dienstag, der Tag, an dem die Männer wieder von ihrer Skat-Tour zurück sein wollten, schellte Gabi bei Peter Sturm, solange, bis die Nachbarn aufmerksam wurden und sie verschämt das

Weite suchte. Er schien nicht Daheim zu sein. Einen eigenen Schlüssel zu seiner Wohnung hatte sie nicht.

Vielleicht gab es doch Geister, die ihr die Wahrheit verkündet hatten. Seltsam war das schon alles, zumal Karin offenbar auch unauffindbar verschwunden war. Der vom Orakel benannte Tag rückte näher und langsam wurde es Gabi doch etwas mulmig zumute. Morgen würde der angeblich folgenschwere Tag für sie sein. Würde tatsächlich etwas geschehen? Und wenn ja, was würde geschehen?

Vermutlich geschieht nichts und der Tag wird langweilig wie immer, dachte Gabi und schallt sich eine Armleuchterin.

Der nächste Arbeitstag verlief tatsächlich ohne besondere Vorkommnisse.

Schwer beladen mit Einkaufstaschen kam Gabi am späten Nachmittag nach Hause. Vor der Haustür stieß sie fast mit Karin zusammen.

»Wo um Gottes willen hast du tagelang gesteckt?«, fragte Gabi, ohne vorher eine Begrüßung abzuwarten. Sie musterte Karin fragend.

»Das erzähle ich dir später, lass mich erst mal rein«, sagte Karin. Sie nahm der Freundin zwei große Tüten ab, damit diese die Haustür und die Wohnungstür aufschließen konnte.

»Ich habe uns eine Flasche Wein mitgebracht, dann erzählt es sich leichter«, erklärte Karin und stellte die besagte Flasche auf dem Küchentisch ab.

»OK. Ich räume schnell die Sachen in den Kühlschrank. Du kannst aber schon anfangen mit deiner Beichte!«

»Beichte ist gut«, sagte Karin, entkorkte die Flasche und schenkte den Wein in zwei Gläser ein.

Es schellte.

»Wer ist das denn, erwartest du Besuch?«

»Keine Ahnung. Eigentlich nicht«, Gabi zuckte die Schultern und machte sich auf den Weg, um die Haustür zu öffnen.

Es war Peter!

»Wo kommst du denn her?«, fragte Gabi schroff und musterte ihn von oben bis unten.

»Was ist das denn für eine Begrüßung. Ich denke, du fällst mir freudig um den Hals und dann so was!«, maulte Peter.

»Die Freude ist mir durch deine vielen Anrufe wahrscheinlich abhanden gekommen«, konterte Svenja spitz.

»Auwei! Daher weht also der Wind«, Peter lachte.

Er folgte Gabi ins Wohnzimmer.

Erst jetzt bemerkte er Karin, die gerade aus der Küche kam und ihm zur Begrüßung die Hand reichte.

»Gabi ist schlecht gelaunt, weil sie mein Tischchen zur Geisterbefragung benutzt hat«, erklärte sie Peter.

»Was die Geister ihr bei der Befragung offenbart haben, konnte ich noch nicht in Erfahrung bringen!«

Gabi öffnete die unterste Schrankschublade und beförderte die zwei Seiten Papier ans Tageslicht, die sie in der »Geisternacht«, wie sie es nannte, dort abgelegt hatte.

»Hier steht alles schwarz auf weiß«, sagte sie und wedelte mit den Blättern demonstrativ hin und her.

»Mach es nicht so spannend, was hat das Tischchen denn geschrieben?«, wollte Karin neugierig wissen.

Gabi grinste schief.

»Lauter Blödsinn hat dein Geistertisch geschrieben. Peter wird nicht mit mir zusammenbleiben und er wird mich schon bald für immer verlassen – heute, um genau zu sein!«

»Ihr spinnt doch beide«, ungläubig schüttelte Peter den Kopf. »Das darf doch wohl nicht wahr sein!«

Einen Augenblick war es still im Zimmer.

Karin und Peter tauschten einen verstohlenen Blick aus. Karin verstand, was Peter ihr suggerieren wollte und nickte fast unmerklich als Zustimmung.

»Na gut, dann sagen wir es dir jetzt, wo du es ohnehin schon erfahren hast«, setzte Peter nun nach, beugte sich vor und legte seine Hand auf Karins Arm. »Karin und ich waren zusammen in Urlaub. Das mit der Skat-Tour war nur vorgetäuscht. Wir lieben uns und werden heiraten. Tut mir leid, Gabi, dass du das so erfahren hast!«

Karin hatte Peters Worten schweigend gelauscht. Sie nickte bestätigend mit dem Kopf und bemühte sich, nur nach unten zu sehen.

Gabi sah die beiden fassungslos an.

Karin hatte plötzlich ein verräterisches Zucken um ihre Mundwinkel.

»Ihr Idioten!«, rief Gabi erleichtert. Sie griff nach zwei Sofakissen und haute sie Karin und Peter um die Ohren. Die beiden brachen in schallendes Gelächter aus.

»Jetzt hättest du mal dein Gesicht sehen müssen, du große Geister-Befragerin«, prustete Peter und wollte sich abrollen vor Lachen.

»So lustig ist das wirklich nicht«, maulte Gabi. »Und ich habe bisher immer noch nicht erfahren, wo du tagelang gesteckt hast«, sie warf Karin erneut ein Kissen an den Kopf.

»Wenn ich geahnt hätte, dass meine Abwesenheit die ganze Geisterwelt und auch dich so verwirren würde, hätte ich dir selbstverständlich vor meiner Abreise alles erzählt«, feixte Karin. »Ich hatte mit Olaf etwas Streit, wollte ihm eins auswischen und bin ein paar Tage zu meinen Eltern gefahren. Die haben sich auf jeden Fall über meinen unverhofften Besuch gefreut wie Bolle!«

»Und ich hatte einfach keine Lust auf ein Verhör«, grinste Peter. »Männer müssen manchmal unter sich sein!«

»Nächstes Jahr fahre ich auch ohne dich weg«, beschloss Gabi und schnitt ihrem Peter eine Grimasse.

»Und glaube nur nicht, dass ich dich dann anrufe …«

»Nimm auf jeden Fall dein schreibendes Tischen wieder mit«, sagte Gabi, als Karin sich eine Stunde später verabschiedete und drückte ihr das Teil energisch in die Hand.

»Ich verstehe es nicht«, maulte Karin. »Das Tischen hatte bisher immer recht!«

»In diesem Fall bin ich nicht böse, dass es nicht recht hatte«, erklärte Gabi, die an die ungute Prophezeiung dachte.

»Willst du etwa mit diesem Tischen unter dem Arm nach Hause laufen?«, wollte Peter wissen und sah Karin fragend an. »Ich muss jetzt auch los, ich kann dich mitnehmen wenn du willst.«

»Lieb von dir, aber die paar Minuten laufe ich«, winkte Karin ab. Es war spät geworden, doch ein kurzer Spaziergang durch die nächtlichen Straßen würde ihr guttun.

Vor der Haustür verabschiedete Peter sich von Gabi mit einem innigen Kuss.

»Schlaf gut, meine süße Geister-Fee! Wir sprechen morgen über alles. Versprochen!«, er drückte beruhigend Gabis Hand.

»Na gut«, lachte Gabi.

Sie winkte Karin noch hinterher, bis diese um die nächste Häuserecke bog und begleitete Peter dann bis zu seinem Auto. Glücklich sah sie ihm hinterher als er davonfuhr.

Die Ampel an der großen Kreuzung schaltete für ihn gerade auf grünes Licht um. Peter gab Gas.

Das Geräusch hallte von den Hauswänden zurück.

»Fahr nicht so schnell, du Idiot«, murmelte Gabi noch, dann gab es einen ohrenbetäubenden Knall. Wie ein Spielball wurde Peters Auto über die ganze Kreuzung geschleudert.

Geschockt rannte Gabi zu der Unfallstelle. Peter klemmte bewegungslos im Auto fest und reagierte nicht mehr.

Auf der Straße, die vorher zu dieser nächtlichen Stunde wie ausgestorben war, liefen plötzlich viele Menschen zusammen. Es dauerte eine gefühlte Ewigkeit, bis der Notarzt und zwei Rettungswagen eintrafen. Ein Sanitäter führte Gabi behutsam zur Seite und gab ihr eine Beruhigungsspritze. Das flackernde Blaulicht wirkte gespenstisch.

Er wird heute von mir gehen, dachte Gabi benommen. Wieder und wieder dachte sie nur diesen einen Satz. Er brannte sich in ihrem Kopf ein. Wie ein Film lief das Geschehen um sie herum ab. Sie sah, wie der Unfallverursacher auf einer Trage in den Notarztwagen geschoben wurde und dieser mit Martinshorn und Blaulicht davonfuhr. Der Mann hatte den Unfall fast unversehrt überstanden, wie sie später erfahren sollte.

Peter wurde von einem Sanitäter sorgfältig mit einem weißen Tuch zugedeckt. Er war sofort tot.

Hoch hinaus

Ein Schwein wollt' sich die Welt anseh'n,
das fand auch eine Ente schön.
Gemeinsam zogen sie von dannen,
um mit dem Tag was anzufangen.

Sie liefen durch den Tannenwald,
dort piksten Tannennadeln bald.
Die Ente mit den großen Füßen,
konnte den Marsch nicht recht genießen.

Das Schwein, es sah den Entenschmerz
und nahm sich daraufhin ein Herz.
»Auf meinem Rücken ist noch Platz,
flieg einfach hoch, mein Enten-Schatz!«

Rasch flog die Ente auf das Schwein –
vergessen war die ganze Pein.
Gemeinsam konnt' man weitergehen,
denn schließlich blieb sie die Zeit nicht stehen.

Es dauerte nicht lang sodann,
sah eine Krähe das Gespann.
Sie krähte laut und ziemlich munter:
»Ich komm mal zu euch beiden runter!«

Sie schwebte abwärts durch die Zedern
und landete auf Entenfedern.

Da sprach das Schwein: »Mein liebes Tier,
wir sind doch nicht in Bremen hier!
Nun sei gefälligst nicht so'n Tropf
und setz dich brav auf meinen Kopf!«

Die Krähe folgte dem ganz heiter
und so zog man fröhlich weiter,
bis man auf eine Lichtung kam,
auf der man ein Geräusch vernahm.

Dort »parkte« völlig unbemannt,
ein Heißluftballon – allerhand!
»Da steigen wir jetzt einfach ein!«,
rief laut und mutig nun das Schwein.

Ein Pferd bot seine Hilfe an:
»… damit das Schwein rein klettern kann!«
Es kniete sich ganz froh und munter,
als »Treppe« auf den Boden runter.

Und so gelangte dann das Schwein,
ganz pfiffig in den Korb hinein.
Die Ente war schon reingeflogen,
und nun wurde am Strick gezogen.

Kaum, dass die Krähe auch Platz nahm,
ein Windstoß dann von Norden kam.
Mit ihm ging's in die Luft hinauf,
so nahm das Schicksal seinen Lauf.

Das Schwein, es quiekte laut vor Schreck –
so weit war's nun vom Boden weg!
Und stetig ging es noch viel höher,
die Krähe freute dieses eher.

Doch auch der Ente war's nicht recht –
so hoch im Himmel wurd' ihr schlecht.
»Ich möchte wieder unten sein«,
so jammerte das kleine Schwein.

Da wusste nur die Krähe Rat,
und schritt sogleich dann auch zur Tat.
Sie flog empor und hackte klug,
ein Loch in den Ballon – beim Flug!

Jetzt ging es wieder sachte runter
und Schwein und Ente wurden munter.
Nach kurzer Zeit war's aus mit fliegen,
da konnte dann die Schwerkraft siegen.

Recht unsanft kamen sie hernieder,
dann hatte sie die Erde wieder.
Die Ente schüttelt's Federkleid
und ist zur neuen Tat bereit.

Das Schwein, es seufzte ungeheuer
und sprach: »Das war ein Abenteuer!
Da kann ich Freunden von berichten,
denn Schweine lieben Fluggeschichten.«

»Der Ausflug war ein echter Traum«,
rief auch die Krähe aus dem Baum.
»Macht ihr euch wieder mal bereit,
bin ich dabei – zu jeder Zeit.
Zu Dritt, das hab ich heut geseh'n,
wird eine Reise richtig schön.
Dann meistert man – im Fall des Falles
mit guten Freunden wirklich alles!«

Mit einem Lachen

Er lachte, wenn ihn etwas kitzelte,
er lachte auch, wenn jemand witzelte,
er lachte laut bei schlimmen Sachen,
er lachte auch über sein Lachen.
Und in der ersten Liebesnacht,
da hat er sich dann totgelacht.
Dabei half ihr 'ne Feder sehr –
Nun lacht der gute Mann nicht mehr.

Versehentlich gestorben

Er lag so gern im Krankenhaus,
denn es gefiel ihm sehr.
Die Schwestern sorgten sich um ihn –
was will man dann noch mehr!

Das Essen wird ans Bett gebracht,
der Service ist perfekt,
die Schlafstatt wird stets frisch gemacht,
bevor sie noch verdreckt.

Mit Bettnachbarn konnte er plaudern,
so über alles auf der Welt –
und Psychothriller ließen schaudern,
auch stundenlang, wenn es gefällt.

Doch eines Tags wurd' er verwechselt,
mit einem, dem es dreckig ging
und dessen kleines bisschen Leben,
an einem seid'nen Faden hing.

So operierten sie ihn Stunden
und brauchten dazu alle Kraft.
Am Ende sagten dann die Ärzte:
»Er hat es leider nicht geschafft!«

Der Geizhals

Starke Säulen tragen meistens
eine ziemlich große Last
und ein Mann wie eine Säule
hätte gut zu ihr gepasst.

Doch ihr Freund hieß nicht nur »Winzig«,
nein, sein Name war Programm
und was sie am meisten nervte:
er war immer total klamm!

Nie lud er ins Kino ein,
nie zum Kuchen ins Kaffee,
nie bezahlte er den Wein,
ach, sein Geiz der tat schon weh!

Und so kam's, dass sie erst zickte,
denn er wurd' ihr einerlei,
ihn dann in die Wüste schickte –
dort gibt's Sand – ganz kostenfrei!

Im Zoo

Die Menschen stehen vor den Affen –
und gaffen!
Sie hüpfen schreiend auf und nieder
und selbiges auch immer wieder.
Die Äffin schaut dem Treiben zu
und wünscht, sie hätte endlich Ruh.
Ihr wird die Sache bald zu dumm,
sie kratzt am Kopf und dreht sich um.
Dann sagt sie laut zum Affenmann:
»Nun sieh dir bloß die Menschen an!
Es hilft kein Jammern und kein Grämen,
man muss sich wirklich für sie schämen.
Ich sage dir jetzt kurz und knapp:
Der Affe stammt vom Menschen ab!«

Valentinstag

In wenigen Tagen ist Valentinstag. Arme Ute, denkt Ellen, denn ihre Arbeitskollegin liegt mit einer fetten Grippe im Bett. Letzte Woche hat auch noch ihr Freund mit ihr Schluss gemacht. Tagelang hat die Arme wie ein Schlosshund geheult und einen riesigen Berg Taschentücher vollgeschnieft.

Am Valentinstag wird Ute bestimmt noch trauriger sein, geht es Ellen durch den Kopf. Spontan regt sich ihr kleines Trost- und Helfersyndrom. Dann wird SIE ihr eben eine Kleinigkeit schenken! Bestimmt wird Ute sich darüber freuen! Vielleicht eine kleine Schachtel Pralinen und eine schöne Karte dazu. Das macht wenig Mühe und ist schnell umzusetzen.

Einkaufen muss ich nach der Arbeit ohnehin noch, das passt ganz gut, überlegt Ellen.

Eine Stunde später steht sie im Supermarkt in der Süßwarenabteilung – eine weitere Stunde später immer noch. Inzwischen leicht genervt! Was soll sie nur kaufen? Die Pralinenschachtel sollte in Utes Briefkasten passen, denn womöglich ist sie gerade beim Arzt, wenn der Postbote kommt. Wenn Ute mein Geschenk erst vom Postamt abholen muss, wird sie stinksauer sein, denkt Ellen.

Im Hinblick auf die Briefkastentauglichkeit wird das Auswahlverfahren noch schwieriger, denn die eine Pralinenschachtel ist zu lang, die andere zu hoch. Was für ein Stress! Sie ist kurz vor einem Nervenzusammenbruch! Irgendwann entscheidet sie sich für eine recht kleine Schachtel, außen lila, innen mit leckeren

Schoko-Herzchen. Es muss ja nicht protzig sein, sonst meint Ute noch, sich revanchieren zu müssen, denkt Ellen. Das will sie auf keinen Fall. Jetzt noch eine nette Karte dazu und fertig ist die Sache!

Ellen eilt in die andere Ecke vom Einkaufsmarkt, denn dort ist die Kartenabteilung. Ratlos schaut sie auf die Karten zum Valentinstag: die einen sind eher was für Liebespaare, die anderen einfach nur hässlich.

Kurz bevor sie sich auf den Boden wirft und schreit, gibt sie dieses Unterfangen auf und fährt ohne Karte nach Hause. Dann werde ich ihr eben eine Karte basteln, beschließt Ellen. Das ist nicht nur preiswerter, es ist auch viel persönlicher!

Mit buntem Papier, Kleber, Schere, kleinen Schleifen und Schmucksteinchen zieht Ellen sich zu Hause in eine ruhige Ecke zurück.

Zuerst schneidet sie einige rote Herzchen aus, doch die gelingen ihr nicht besonders gut. Drei davon kommen dennoch in die engere Auswahl, der Rest in den Müll.

Das Papier auf Kartengröße zuschneiden geht schnell, Herzchen aufkleben aber nicht! Innerhalb von Sekunden hat sie die Karte, ihre Hände und die Herzchen mit Kleber verschmiert. Den daraus entstandenen, völlig unbrauchbaren Klumpen formt sie wütend zu einem Ball und pfeffert ihn in den Papierkorb.

Auf ein Neues!

Erst beim vierten Versuch wird die Sache einigermaßen schön! Herzen, Schleifen und Schmucksteine verzieren die Karte jetzt optimal.

Nun fehlt noch der Text.

Ellen zückt einen Kugelschreiber und fängt schwungvoll an zu schreiben – bis zum ersten Fehler! Mist, da ist nichts mehr zu retten! Sie flucht wie ein Kutscher und fängt wieder von vorne an.

»Nett sein ist nicht ganz so leicht«, schimpft sie.

Bald sitzt sie wieder mit ihrem Kugelschreiber vor dem jungfräulichen Innenleben einer neu gebastelten Karte. Gedanklich formuliert sie unterschiedliche Texte – so lange, bis ihr der Kopf raucht.

Irgendwie ist alles unpassend! Nach stundenlangem schneiden, kleben, schreiben und wegwerfen hat sie endgültig keine Lust mehr!

Mit einem Wisch fegt sie alle Utensilien vom Tisch in den Papierkorb und beschließt, nie wieder eine Karte zu basteln.

»Überhaupt ist die ganze Idee blöde«, flucht Ellen.

Ihr Blick fällt auf ihre Mischlingshündin Dina, die brav in ihrem Körbchen liegt und das ganze Treiben aufmerksam beobachtet. Plötzlich weiß Ellen genau, was sie am liebsten tun möchte!

Sie nimmt die Schokoherzen aus der Verpackung und mache das, was sie am besten schon vor Stunden getan hätte: Sie gönnt sich selber einige der Schokoherzen und mit einem dieser Herzchen füttert sie das Liebste, was sie auf dieser Welt besitzt. Dankbar schleckt eine rosige-warme Hundezunge ihre Hände ab.

Ein vorgezogener Valentinstag der ganz besonderen Art! Wie schön, wenn man sich auch ohne Karte und Worte versteht …

Abwechslung

»In einer Stunde muss ich gehen«,
hat er nur knapp zu ihr gesagt,
ganz zärtlich ihren Mund geküsst
und sie lieb angelacht.

Es wartet seine Frau auf ihn,
die Ehe ist nur Schein,
'ne Scheidung, sagt er, das geht nicht,
dann wäre er ein Schwein.

Sie ist schwerkrank und braucht ihn sehr,
denn sie kann nicht mehr gehen,
doch Wunder gibt's – sie hat die Frau
beim Joggen dann gesehen.

Nun denkt sie sich, es könne sein,
er lügt sie schamlos an,
darum – und das ist völlig klar,
sucht sie sich noch 'nen Mann.

Was du kannst, kann ich lange schon,
das wäre doch gelacht,
zwei Männer bringen schließlich auch
Abwechslung in die Nacht!

Häppchenweise

Er war ein Mann, den wollte Keine,
nicht mal ´ne Dicke oder Kleine.
Er war nicht schön, zog stets 'ne Fratze,
und roch meist wie 'ne tote Katze.
Erotisch war da nichts zu machen
und sonst ließ er es auch nicht krachen.
Er aß nicht viel, trank keinen Wein,
und beim erzählen schlief er ein.
Nur einmal hatte er 'ne Frau,
für die war er der Super-GAU.
Es gab nur eine Liebesnacht,
in der hat sie sich totgelacht.
Er hatte Angst vor Schererei,
drum rief er keinen Arzt herbei.
Er hat sie dann, nach Maffia-Sitten,
in viele Stückchen klein geschnitten.
So ging die Dame häppchenweise,
im Vater Rhein auf große Reise.

Außerdem von Ricarda C. RexX erhältlich:

Tausche Mann – Mord geht auch
Kurzgeschichten, Kurzkrimis, (Krimi-) Gedichte

136 Seiten
8,95 Euro
ISBN 978-3-96103-011-8

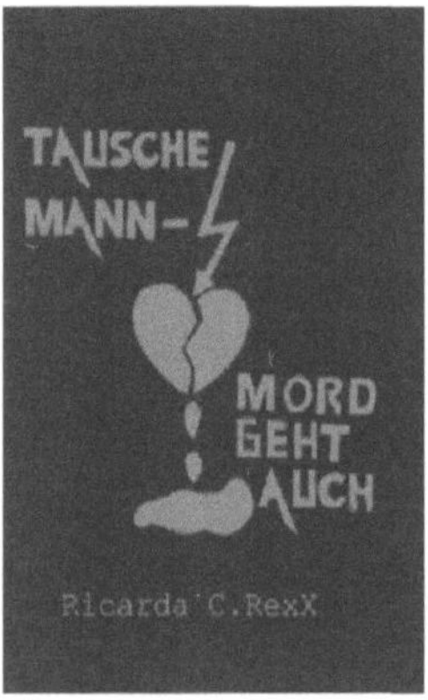

Frauen lieben Männer – vorübergehend! Gefährlich wird es für die Herren der Schöpfung dann, wenn das Maß an »vergeben, vergessen, ertragen und erdulden« endgültig voll ist, dann geht es zur Sache, so oder so! Wurde die große Liebe zunächst mit viel List und Tücke erobert, so wird der lästige Gatte später oft mit großer Lust und Fantasie beseitigt … und manchmal befördern sich die Herren auch netterweise persönlich ins Gefängnis oder Grab.
Frauen erwartet ein kurzweiliges Lesevergnügen, bestehend aus heimtückischen Morden, aber auch aus humorvollen, amüsanten oder erotischen Geschichten und Gedichten.
Für Männer könnte das Buch eine Art von Lebenshilfe sein: niemals Frauen unterschätzen!

Ricarda C. RexX wurde in Witten geboren und ist in Wetter-Ruhr aufgewachsen. Seit über 30 Jahren lebt und arbeitet die Autorin im Rheinland. Ihre privaten Interessen gelten dem Tier- und Umweltschutz.